ひとり社長の最強の集客術

ATTRACTING CUSTOMERS

今井 孝

TAKASHI IMAI

ぱる出版

ひとり社長の最強の集客術

まえがき

「売上が安定しない。来年は大丈夫だろうか？」
「景気や業界や取引先によって売上が左右されてしまう」
「紹介だけに頼っている。自分で集客できてない」

そんな不安を感じている社長さんは少なくありません。

自分で集客ができないということは、人生を誰かにコントロールされてしまうことにほかなりません。「依頼がなくならないか？」「不況にならないか？」「来年は大丈夫か？」と常に不安でビクビクして生きていくことになってしまいます。

そこで、いざ集客を勉強して実践しようとしても、

「広告を出してもお客様が来ない」
「交流会やソーシャルメディアは疲れるだけだった」

「商談まで行きついても断られてしまう」

「そもそも集客とは何をすればいいのか分からない」

「集客方法がいろいろありすぎて途方に暮れる」


という状態になってしまう方もたくさんいらっしゃいます。

しかし安心してください。

本書に書かれたことを実践すればその不安から解放されます。何をすれば売上が作れるのかが分かり、来月も来年も安定して集客でき、不況でも業界が下火でも関係ない、という状態を作れます。

事例にも出てきますが、

・結婚相談所の売上が3倍！
・お土産店が圧倒的な売上に！
・弁護士事務所に依頼が自動的に来る！
・いつものルート営業でも売上が上がる！

・コストをかけずに学習塾の集客が軌道に乗る！

など、集客をちょっと工夫しただけでも、売上に劇的な効果が現れます。

「集客」という仕事を分解すれば、とてもシンプルなことに気づきます。**そこにはステップが四つしかありません。**

それを知るだけで明日からあなたの意識はガラリと変わることでしょう。そして、90日もあれば、売上を狙って増やすことができ、1年もあれば売上を安定させるしくみを作りあげることもできます。

本書は、具体的で細かな集客のテクニックだけでなく、体系的なマーケティングの理論だけでもなく、**その両方の要素をトータルで理解し、実践できる本に仕上げました。**

どんな業種でも、どんな新しいツールが出てきても、どんな規模のビジネスでも、何十年、何百年経っても、本書で解説している「集客の4ステップ」は変わりません。

ぜひ、ずっと本棚に置いて、集客について見直したい時には取り出して読んでみてください。毎回、必ず新しい気づきを得られるはずです。

ひとり社長の最強の集客術◉目次

第1章　集客できない人がやっているNG行動

第2章 成功する人は集客を「4ステップ」に分解している

第3章
どうすれば「見込み客」と出会えるのか？

第4章 「あなたから買いたい」と言われる関係はこう作る

第5章 売り込まないセールス

第6章 集客を楽しむ

第1章　集客できない人がやっているNG行動

売る前にコレをしていないと売上は減っていく

「商品が売れない」

「売上が上がらない」

そんな社長さんの話を聞きながら、商品が売れない原因を探っていくと、面白いことが分かります。

商品が悪くて売れないのか？　というと、そうでもありません。セールスをしても断られるのか？　というと、そんなに断られるわけでもありません。

では、いったいなぜ、売上が上がらないのでしょうか？

実は、売上が上がらない最も多い原因は、

「そもそも商品を売る相手がいない」

ということなのです。

この話をすると、多くの社長さんが納得してくれます。

「確かに、よく考えてみたら、商品の話を聞いてくれたら何人かに1人は買ってくれる。けど、話を聞いてくれる機会が増やせない」というわけです。

これは、保険営業マンでも同じです。

「売れない保険営業マンは何をしているか？」

と質問されたら、あなたはどう答えるでしょうか？

多くの回答は、

「売り込みをしている」「飛び込み営業をしている」「商品の説明をしている」というものです。

しかし、実際は違います。

営業経験がある人に聞くと、答えは同じです。

「売れない営業マンは、喫茶店で時間をつぶしています」

と言うのです。

営業が嫌でサボっているわけではありません。商品説明を聞いてくれる人がいれば、喜んで行っているはずです。**話を聞いてくれる人が1人もいないので、仕方なく喫茶店で時間をつぶしているのです。**

ではなぜ、こんな状況が起こるのでしょうか？

それを引き起こしているのは、**集客に対する勘違い**です。

実は、この状況に陥っている人は**「いきなり売る」**という行動をとってしまっていることが多いのです。知り合いに連絡をして、「今こういう商品を取り扱ってるんだけどどうですか？」と、いきなり商品の話をすると、多くの場合、「今は必要ないよ」と、買ってはもらえません。そして、**一通り知っている人に声をかけ終わると、話を聞いてくれる人がいなくなってしまうのです。**

それで、何もすることがなくて、喫茶店で時間をつぶすことになるというわけです。

当たり前だと思った人もいれば、驚いた人もいるでしょう。

買ってもらうためには、まず、その商品の説明を聞いてくれる人を増やさなければなりません。これが本来、社長が本当にしなければならない仕事です。

つまり、これが**集客**なのです。

人の集まる場所にお客様を探しに行ってはいけない！

「売る人がいないんだったら、売れる人に出会おう」ということで、交流会やソーシャルメディアなどに参加しよう、という発想が湧いてくるかもしれません。

そこで間違ってしまうのは、目的を「お客様を探しに行く」と設定してしまうことです。

交流会などに実際行ってみると分かりますが、**ズバリ自分のお客様になる人が10人中何人いるでしょうか？**

100人中1人と言っても言い過ぎではないほど、お客様に出会える確率は低いです。0人という場合も多く、はっきり言って効率は良くありません。

これは、飛び込み営業で売れる可能性が極めて低いことと同じです。まったく信頼関係のない人から商品を買う人や、仕事を依頼する人はほとんどいません。

行っても行っても売れなくて、時間とお金だけがかかってしまい、逆に売り込まれて嫌な気分になることもあります。これはお互い様です。

そうすると、多くの人は**「交流会なんかに行っても何の意味もない」**と言って、2、3回参加した後は行くことをやめてしまいます。「お客様を探しに行く」という目的では、こうなるのは仕方ありません。

交流会は効率が悪いので、ソーシャルメディアを活用しようと考える人もいます。しかし、ほかの参加者とつながって、いきなり個別メッセージで売り込みをすると、その途端に音信不通になったり、相手からつながりを切られてしまうということはよくあることだと思います。いきなり売り込みのメッセージが来たら、やはり引いてしまうのが普通の反応ですよね。

では、交流会やソーシャルメディアは意味がないのか、というと、そういうわけではありません。これらを駆使して、しっかりと売上を上げている人もたくさんいます。

ただし、そのような人たちは「お客様を探しに行こう」という目的ではそこに参加していません。

もちろん、最終的に「お客様が見つかればいいいな」とは思っていますが、最初からお客様だけを探しに、狩りのように活動しているわけではありません。お客様になるかどうかは分からなくても、ゆるくつながっておくわけです。

その理由は後述します。

「買ってくれそうな人」にだけ連絡してないか？

さて、交流会などで出会った人と名刺交換をしたとします。

たとえば20人と会ったら、あなたは何人にお礼メールを送りますか？

この質問をすると、多くの人は「お礼メールは送らない」と回答します。送るにしても、「買ってくれそうな2、3人」だけなのだそうです。ほかの名刺はポイと捨ててしまうわけです。


さて、この2、3人にお礼メールを送って、何人がお客様になってくれるでしょうか？

ほとんどの場合、当てが外れて、まったく売れないという結果に終わります。そもそも返事が返ってきません。

これも、「交流会なんて意味がない」「お礼メールなんて効率が悪い」という意見の原因です。

一方で、売れている人はどのような対応をするかというと、**実は20人と名刺交換したら、20人全員にお礼メールを送ります。** 100人と会えば、100人全員にメールを送ります。もちろん、返事が返ってくるのは半分かもしれません。もしかしたら3割ぐらいになる可能性もあります。

しかし、そのうちの何人かの人と親しくなり、最終的には商品を買ってくれることもあります。しかも、**「えっ？　この人がこの商品に興味があるの？」**というような意外な人が買ってくれたりします。

つまり買ってくれる人は予測できないわけです。

ですので、後で解説するような、予測に頼らない集客のしくみが必要なのです。

買ってくれた人にだけサービスしてないか？

「買ってくれた人だけにしかサービスをしない」というのは、普通のことかもしれません。無料でサービスをしてしまうと、確かに疲弊してしまいます。「友達だから、タダでやってよ」と言われて、気軽に応じていてはビジネスは成り立ちません。

だからといって、お金を払わない人にはまったく何もしないという姿勢では、これまたうまくいきません。

たとえば、**入会しないと何も教えてくれない英会話スクール**があったらどうでしょうか？

質問「テキストは何を使うのですか？」
回答「ご入会されたらお教えします」
質問「先生は外国人ですか？　日本人ですか？」
回答「ご入会されたらお教えします」
質問「今の私でついていけるでしょうか？」
回答「ご入会されたらお教えします」

ということだと、怖くて入会できませんよね。同じように、**「試乗できない車」「試せない化粧品」「見学できないマンション」**も、やっぱり怖くて買いづらいわけです。

ですので、**買ってくれた人だけにサービスをする、というのは非常に不親切な態度なわけです。**後述するように、買う前のお客様に対しても、何らかのサービスを提供することがビジネスには必要になります。

断られないように
がんばっていないか？

名刺交換をしたり、チラシを渡しながら、「これを逃したら後がない」という切迫した様子で、ずっと喋り続けてセールスをしている人がいます。断られないように必死なのです。

しかし、**いくら必死になっても、お客様は買わないものは買いません。**

10分、20分と、1人に時間を割いても、結局売れずに身も心もへとへとになってしまいます。たくさんの人を相手にできないので、なかなか売上は上がりません。そして「セールスなんて嫌いだ」と、なってしまいます。

一方で、売れる人はそんなことはしません。さらっと名刺交換をして、さらっとチラシを渡すだけです。

そして、相手が何の反応も示さなくても一向に気にしません。相手から質問をされるまでチラシの説明もしません。

これだと、一人ひとりに使う時間が短いので、たくさんの人と知り合い、たくさんのチラシを配布することができます。しかも、そのほうが興味のある人の手にチラシが届くので、お客様が見つかる可能性は高くなります。

これはつまり、**売れない人は断られるのが嫌いで、売れる人は断られることを気にしないということです。**本書で解説する集客のしくみを理解すれば、「断られても問題ない」ということが腑に落ちると思います。

お金をかけるタイミングを間違えてないか？

お金が残らない社長は、お金を使う場所とタイミングを間違えています。

よくある大金を失うパターンは、売れるかどうか分からないまま、広告にドカンと投

資してしまうことです。本人はワクワクして広告が掲載される日を待っているのですが、いざ掲載されてもまったく反応がありません。問い合わせのメールも来ないし電話も鳴りません。

「あんなにお金をかけたのに……」と、青ざめた顔をした社長さんを何人も目にしました。

逆に、せっかく売ることができるのに、お金をケチって広告を出さない方もいます。それだと、ある程度の売上は維持できても、それ以上にはなりません。それに、新規客が増えないので、数年後にその売上が維持できているかどうかは分かりません。

また、うまくいっている広告をやめる方もいます。本人はうまくいっていないように感じるからです。そして、せっかくの売上を失ってしまうわけです。

ビジネスがうまくいっている人は、お金をかける場所とタイミングが絶妙です。本書で解説している集客のしくみが完成するまではお金をかけず、完成したらしっかりと予算をかけて広告を使っています。

集客方法はすべてゼロから勉強しなければならないと思ってないか？

世の中にはたくさんの集客方法があります。

特にインターネットが普及してから、集客ツールや集客に使えるメディアが増えてきました。ネット広告、バナー広告、メルマガ、ブログ、ソーシャルメディア、チャットアプリ、などなど。今までも毎年のように増えてきましたし、これからも毎年のように、新しく現れては消えていくことでしょう。

常に新しいツールやメディアが現れるために、「ついていけない」という社長さんもたくさんいます。新しいツールが現れるたびに勉強する本は溜まり、セミナーに出かけて行っても理解できず、消化不良で終わってしまいます。

一方で、新しいツールやメディアにいち早く目をつけて、波に乗って成長していく方もいます。そうした人は、どのようにツールを使いこなしているのでしょうか？

実は、集客の本質さえ理解すれば、ツールやメディアをゼロから学ぶ必要はありません。本質はまったく変わらないのです。

しかも、それは業種が変わっても、商品が変わっても同じです。本質さえ理解しておけば、どんなビジネスをやっても、集客を成功させることができるのです。

1人でがんばらなければならないと思っていないか？

「ひとり社長」というのは、正社員として人を雇わないというだけであって、なんでも1人でやるわけではありません。

しかし、「経営者というものは何でも1人でできなければならない」と考えている方も少なくありません。

さらには人を雇って、給料を払って、孤軍奮闘している社長さんもいらっしゃいます。

「商品開発もできなければならない」

「セールスもできなければならない」

「集客もできなければならない」
「そのためのチラシやWEBサイトも作ることができなければならない」
「問題が発生したら、自分で解決しなければならない」

このように、すべて自分で抱え込んでしまうと、ビジネスのスピードは格段に下がります。抱えられずに商売をやめてしまう人も少なくありません。

1人でなんとかしてしまう社長さんもいますが、10年も20年もしんどい思いをされています。利幅も少ないし、プライベートもほとんどないし、報われない気持ちのまま過ごしているのです。

一方で、幸せに仕事をしているひとり社長は、後述のようにお互いに助け合っています。

集客も1人でするものではないのです。
この感覚が分かってくると、ビジネスが途端に楽しくなってきます。

第1章のまとめ

- 売る前に商品説明を聞いてくれる人を集める
- 交流会やソーシャルメディアはつながるだけ
- 「買ってくれる人」は予測できないので全員とつながる
- 買ってくれる前の人にもサービスする
- 断られるのが普通だと思って接する
- タイミングよく資金を投入する
- 新しいツールやメディアが出てきても本質は同じ
- 成功しているひとり社長は協力し合っている

第2章

成功する人は集客を「4ステップ」に分解している

「集客」というイメージを図にしてみよう

ここから、集客の具体的なステップについて解説してきます。
まず重要なのは、「集客」という言葉は人によってイメージが異なっているということです。

集客できない方の多くは、「集客できないような集客のイメージ」を頭の中で描いているのです。

まず、本当に集客できない方は、左のページの図のようなイメージで集客という活動を理解しています。
お客様が商品を「検討する」、そして「買う」という二つのステップしか頭にありません。

しかし、この2ステップだけを続けていると、1章でも説明したように、話を聞いてくれる人はすぐにいなくなってしまいます。

検討する

買う

これは、いわゆる飛び込み営業のスタイルです。交流会でいきなり売り込みをしてしまうのも、頭の中にこういうイメージしかないからなのです。

そして、売れなくなってビジネスをあきらめてしまうか、もしくは偶然の出会いで何とか食いつないでいる状態になるわけです。

◉商談の前にしていることは何か？

売れている人の頭の中では、集客は2ステップではありません。

商談の前に必要なことがあります。

そもそも、お客様があなたのところに購入を検討しに来てくれる、ということはどういうことでしょうか？　お客様は**あなたを信頼して、「話を聞きたい」「相談したい」と思ってくれているということです。**

つまり、商談の前に「信頼関係を作る」ということが必要だということです。

ここでは、少しやわらかい表現ですが、「仲良くなる」と書いておきます。

この図を見るだけで、集客でやるべきことのイメージが少し変わったのではないで

仲良くなる
?!
検討する
買う

しょうか？

「確かに、信頼関係がないと話も聞いてくれないよな」と、思うだけで、行動が変わってくるはずです。

◉「何を買うか」ではなく「誰から買うか」

このステップがそれほど重要でない時代もありました。モノが少ない時代です。

そのような時代は、飛び込み営業であってもいろんな商品が売れました。

しかし、モノがあふれる時代には、そうはいきません。たくさんの選択肢がある中から選ばれる必要があります。

ですので、大事なのは、「何を買うか」ではなく「誰から買うか」なのです。つまり、**「商品の差」**ではなく、「信頼関係の差」が売上に大きく関係するわけです。

相手と仲良くなり、信頼関係を作る方法については、第4章で詳細に解説します。

「出会う」――集客で最も重要なこと

次に、集客で最も重要なことを紹介します。

本当に当たり前のことなのですが、これを意識していない人がとても多いのです。これを意識するだけで、あなたの集客力は飛躍的に向上するでしょう。

では、集客で最も重要なこととは何か？

それは「出会う」ことです。

なぜならば、出会わないかぎり、仲良くなることすらできないからです。

言われてみれば当然のことですが、集客できていない方は「出会う」ことを意識して行っていません。

「あなたのビジネスに必要な売上を作るために、毎月、新しい人と何人出会えばいいのですか？」

と質問されても、集客できていない人のほとんどは答えられません。
しっかりと売上を上げている人は、「○○人です」と明確に答えることができます。

完成！これが「集客の4ステップ」の全体像

「仲良くなる」の前に「出会う」というステップが必要だということが分かって、ようやく集客に必要なすべてのステップが出そろいました。
図にすると、次のページのようになります。この4ステップを意識することで、集客に手応えを感じるようになります。

何度も出てくる概念ですので、本書では「集客の4ステップ」と呼ぶことにします。

集客の4ステップ

① 出会う

② 仲良くなる

③ 検討する

④ 買う

何人に出会えば、1人が買ってくれるか？

繰り返しになりますが、集客で最も重要なことは「出会う」ことです。
ここから集客がスタートするからです。

あなたのビジネスにおいては、月に何人の新しい人に出会うことができれば採算が取れて、十分な利益が生み出されるでしょうか？

そもそも、そうした数字を計測しているでしょうか？
ビジネスを持続していくには、しっかりと数字を見ることが必要です。売上や利益という「結果」だけではなく、それを生み出す「原因」である「出会い」の数も計測する必要があるわけです。

たとえば、何らかのイベント（交流会、セミナー、業界や地元の集まり）に複数参加して、毎月100人に出会うとします。そのうち、10人とやり取りをするようになり、

3人が商品に興味を持って話を聞いてくれて、1人が買ってくれたとします。

買ってくれたのがたった1人だからといって、「あれだけ顔を出してもこれだけか……」と行動を止めると、そこで終わってしまいます。

集客できる人は、

「100人と出会えば1人が買ってくれる」

と、シンプルに考えます。


100人なら1人。

200人なら2人。

300人なら3人。


出会った人数に比例して売上が上がるわけです。

ですので、シンプルに、「どうすれば効率良く新しい人と出会うことができるのか？」

ということを考えていけばいいわけです。

もちろん、たくさんの人に出会うことは時間的にも体力的にも大変かもしれません。

しかし、効果を数字で把握することができて、**確実に成果が上がると分かっていることであれば、人はやり続けることができます。**

数字で管理しておかないと、多くの場合、「努力しても報われない」「これだけやっているのに反応がない」と感じてしまいます。

これは、ネットを活用して集客する場合も、広告を使う場合も同じです。

どのソーシャルメディアで、何人の新しい人とつながったら、何人と信頼関係を作ることができ、何人が商品に興味を持ってくれ、何人が買ってくれるか？

いくらの費用の媒体に広告を出すと、何人が問い合わせてくれて、そのうち何人が購入してくれるのか？

これらを数字で把握して、評価するわけです。

◉売上1000万円も小さなステップに分解できる

もし、客単価が50万円の商品であれば、20人が買ってくれれば売上は1000万円になります。

50人に1人が買ってくれるなら、1000人と新たに出会うことで達成できる計算です。

「売上1000万円」という結果目標だけでは、何をすればいいか分かりにくいかもしれませんが、**「1000人と出会う」**という行動目標であれば、やるべきことが明確になります。

年間1000人ということであれば、毎月の目標人数は約80人です。

そのために、どんなイベントに顔を出し、ソーシャルメディアをどう使い、何人に紹介をしてもらい、どういう媒体に広告を出すか？　そういうことを決めていけばいいわけです。

売上1,000万円の集客計画の例

出会う

連絡先を入手
交流会などのイベント……200人
広告……500人
ソーシャルメディア……300人
合計1,000人

仲良くなる

情報提供を
1,000人に続ける

検討する

商談人数……40人

買う

購入人数……20人

50万円×20人＝1,000万円

婚活だけでなく、ビジネスでも「出会い」がないのが原因

売上が上がらない根本原因は「出会い」がないからだ、ということをご理解いただけたのではないでしょうか。

婚活の場合は、多くの人が「出会いがない」と嘆いていますが、なぜかビジネスの場合は、「商品が悪い」「業界が良くない」「不景気だ」などなど、さまざまな原因を挙げます。しかし、婚活と同じように、根本的には「出会い」が少ないことが、売上が上がらない原因なのです。

逆に言えば、売れている人は「出会い」を作る工夫をしているということです。

「どうやったら効率良くたくさんの人に会えるか?」「反応のいいソーシャルメディアはないか?」「広く告知できる広告媒体はないか?」など、常に「出会う」ためのアイデアを考え、情報収集をしています。

◉「売上の安定」＝「出会いの安定」

ここまででお分かりのとおり、売上を安定させるということは、「出会い」を安定させるということです。売上が安定しないと、多くの人は不安を抱えてビジネスをすることになります。「今月はいいけど、来月は大丈夫だろうか？」「今年は食べてこれたけど、来年が心配だ」と、常に不安な気持ちを持っている人も少なくありません。

売上が安定しない原因は、「出会い」を偶然に頼っているからです。

毎月、安定的に「出会い」を作ることで、売上も結果的に安定するわけです。

「集客のしくみ」とは「百発百中で売れること」ではない

この「安定的に売上が上がる状態」のことを、「集客のしくみ」と呼んでいいと思います。

ここまで読んでいただいたあなたには理解していただけるのではないでしょうか。

しかし、多くの人が考える「集客のしくみ」は、「百発百中で売れること」というイメージです。

ですので、1人でも買わない人や断る人が出てくると、「これではいけない」「うまくいっていない」と判断して、その方法をやめてしまうことが少なくありません。

・交流会に行っても興味を持ってくれる人が1人だった
・広告を出しても問い合わせが2件しかなかった
・メルマガで告知しても申し込みが2件しかなかった

この状況を見て「失敗」と意味づけるわけです。

しかし、実際はうまくいっている場合も多くあります。

何度も書きますが、**100人に1人しか買ってくれなくても、それで採算がとれていれば問題ありませんし、「集客のしくみ」として機能しています。**

たとえば、整体院でネット広告に3万円を使って、月に新規客が3人しか来ないと嘆いている方がいらっしゃいました。

1回の施術は8000円なので、売上は2万4000円で、6000円の赤字なのですが、よく聞いてみると、**ほとんどのお客様はリピートをされるので、2回目、3回目の来院では黒字になっているということなのです。**この場合は、この広告はやめずに続けたほうがいいわけです。

このようにトータルの数字で「集客のしくみ」を見て、うまくいっているかどうかを判断する必要があります。

コントロールできることに集中するとストレスが減る！

集客が苦手な人、嫌いな人は、目の前のお客様に「なんとか買わせよう」と考えてしまいます。

しかし、**「買ってくれ、買ってくれ」と思っても、お客様はコントロールできません。**買うかどうかを決めるのはお客様です。「晴れろ、晴れろ」「雨よ降れ」と思っても、自分で天気をコントロールできないのと同じです。

人間はコントロールできないことにフォーカスしすぎると、強いストレスを感じます。それで集客が嫌になるのです。

しかし、「出会い」はどうでしょうか？

自分が動けば動くほどそれに比例して「出会い」は増やせます。つまり、**「出会い」を増やすことは比較的コントロールが可能だということです。**

ですので、集客をストレスなくやってしまう人は、「出会い」の数を増やすことにフォーカスして行動しています。


コントロールできることに集中していると、やればやるほど成果が出ます。集客に手ごたえを感じられて、やる気にもなるし、集客という多くの人が嫌がる仕事を楽しく行うことができます。

もちろん、成約確率を高める努力もしますが、購入の最終判断はお客様が決めるということを受け入れて、そこは手放しています。

すべての人が「見込み客」である

50人に1人とか100人に1人というと、「それは大変だ！ もっと効率的な方法はないか？」と言う方もいます。「買いそうな人にだけアプローチすれば効率的ではないか？」と考える人もいるのですが、これがなかなか難しいのです。**将来、誰がお客様になってくれるかは本当に分かりません。私たちは予知することはできないのです。**

第一印象がとても良くて、「この人は買ってくれそうだ」という人が買ってくれないこともよくあるし、「この人はまったく興味がなさそうだ」と思った人が、ネット経由で申し込みをしてくれるということもあります。

ですので、**「すべての人に買ってくれる見込みがある」と考えて、連絡できる人すべてを「見込み客」と捉えましょう。**「買ってくれる見込みがある人」だけが「見込み客」だと思わないでください。

そう考えれば、交流会で交換した名刺の1枚1枚、ソーシャルメディアでつながっている一人ひとりとのつながりが、とても貴重であることに気づきます。

このような話をすると、溜まっていた膨大な名刺を思い出して、「ああ、なんてもったいないことをしていたんだろう」と思う方もいらっしゃいます。また、「お店に来てくれていたお客様の連絡先を聞いていれば良かった」とおっしゃる方もいます。

そういう発想に切り替わるだけでも、集客がうまくいくようになります。

◉連絡する人数を減らさずに効率化する

「100人に連絡するのは手間が大変だ」

という方もいらっしゃいますが、大事なのはそれを効率化することです。

連絡する人数を減らすのではなく、大人数に効率的にコンタクトをとるという方向性で工夫していきましょう。

ネットのツールを使えば、そういった効率化は容易に行えます。

仲良くなるには「与える」こと

「ステップ1」で出会ってから、「ステップ2」で仲良くなるためには、まず「与える」ことから始めなければなりません。

ビジネスで「与える」ことは、それほど難しくありません。

1章でも触れましたが、たとえば英会話スクールでは「体験レッスン」というサービスがあります。無料の体験レッスンや、10回で1万円という格安の体験レッスンなどもあります。このように、**あなたが提供しているサービスを安価で、もしくは無料で提供するという「与え方」ができます。**そして、お客様の「どんな授業なのか？」「どんな先生なのか？」「どんなテキストを使うのか？」「自分はついていけるのか？」という不安を解消することができます。ほかにも、「自動車の試乗」「化粧品の試供品」「マンションのモデルルーム」なども先に「与える」ことの事例です。

また、情報を提供することも「与える」ことの一つです。ニュースレターを封書で送っている会社もありますし、メールマガジンという形式で定期的に情報提供をする会社もあります。まったく無料で有益な情報を得られると、人はその会社に信頼感を抱くというわけです。

ほかにも、さまざまな「与える」方法があります。第4章で詳しく解説します。

「集客ツール」は2種類しかない

「メルマガとかSNSとか集客のツールがたくさんあって、何から始めればいいか分からない」「ツールやメディア（媒体）の使い分けが分からない」「たくさんありすぎて勉強が追いつかない」という声は本当によくお聞きします。

たくさんのツールやメディアが出現してブームになっては去り、また新たなツールやメディアが登場する、ということの繰り返しは永遠に続くでしょう。

しかし、安心してください。**いくら多くのツールやメディアがあっても、集客に関し**

初対面の人との
出会いを作ることが目的

出会うためのツール

WEB サイト
ブログ
ソーシャルメディア
ネットショッピングモール
広告
etc.

▼

出会った人との
信頼関係を深めることが目的

仲良くなるためのツール

メールマガジン
チャットツール
ダイレクトメール
電話
etc.

ては2種類の用途しかありません。
すなわち**「出会うためのツール」**か、**「仲良くなるためのツール」**かの二つです。

出会うためのツール

「出会うためのツール」とは、リアルな場でいえば、交流会のようなものだと思ってください。新しい出会いを作るには、なるべくたくさんの人が集まるところに行く必要があります。ネットのツールやメディアも、なるべくたくさんの人が使っているもののほうが、「出会い」を生み出しやすいわけです。ですので、流行りのソーシャルメディアなどを活用するわけです。

仲良くなるためのツール

次に「仲良くなるためのツール」ですが、これは交流会でいえば、出会った人と連絡を取り合う手段だと思ってください。せっかく交流会に行ったのに連絡先を交換しなければ、その後の進展はありませんからね。これはネットでいえば、ソーシャルメディアやブログを見に来てもらいながら、メールアドレスなどの連絡先を登録してもらわないのと同じです。そうすると、その後は連絡が途絶えてしまいます。

ですので、興味がある方には連絡先を登録してもらい、やりとりをするわけです。これが「仲良くなる」ためのツールです。

メールマガジンだけでなく、メッセージが送れるツールはすべて当てはまります。また、ネットではありませんが、「電話番号」や「住所」を教えてもらっていれば、こちらから連絡することが可能です。ですので、ダイレクトメールや電話も、「仲良くなる」ためのツールに含まれるわけです。

なぜ、集客すると感謝されるのか？

「『与える』といっても、買ってもらうためでは？」「結局は自分のためにやっているのではないか？」と、おっしゃる方もいるでしょう。

実は、そう考えてしまうと心理的なブレーキがかかってしまい、集客のための行動が取りづらくなります（詳しくは第6章をお読みください）。

しかし、「与える」ことは、すべてのステップで行います。

連絡先を教えていただく時も、プレゼント、割引、無料の情報などを与えます。（ス

集客とは、すべてのプロセスを通じて、与え続けること

出会う

・さまざまなプレゼント

仲良くなる

・お試し商品
・診断
・情報提供
・交流する
・手伝う
・褒める、励ます

検討する

・ヒアリング
・課題整理
・選択肢の提示
・選択基準の提示
・解決策の提案

買う

・問題の解決
・目標の達成
・幸せな気持ち
・価格以上の価値

テップ1）

そして、それらを与え続けることで仲良くなります。（ステップ2）

お客様が商品を検討する時には相談に乗って、ニーズを整理したり、情報を提供するなど、たくさんのことを与えることになります。（ステップ3）

最終的に商品を購入していただいた時も、真面目に仕事をしていれば、お客様に与えているはずです。**「こんなに良いものを提供してくれてありがとう」「これは安かった」**と思っていただければ、それは価格以上のものを与えているわけです。（ステップ4）

それがレストランの数万円のコースでも、数十万円も数百万円もする絵画であっても、数千万円もする車でもそうです。その商品やサービスを気に入っているお客様からすれば、価格以上の素敵な時間や空間をあたえてもらっているという感覚なのです。

そう考えると、集客とは、お客様に与え続けることです。最初から最後までずっとお客様に与え続けることでしかないのです。

本書を読んでいるあなたは、ご自身の仕事や商品を愛して、多くの人を幸せにしたいと考えているはずです。きっとあなたの商品は、お客様が支払った額の何倍もの価値を提供していることでしょう。

それだけでなく、**その商品を売るまでの集客のプロセスで、たくさんの人に価値を与えているはずです。**

多くの人に喜ばれて、最終的にしっかりと利益も残ったとしたら、ビジネスとはとても素敵な活動ではないでしょうか。

集客の4ステップの中でお客様に与える方法はたくさんあります。第4章で、さまざまな「与え方」について紹介していますので、それらを参考にしながら、あなたらしい「与え方」を見つけていただければと思います。

第2章のまとめ

・集客は4ステップでできている

・「何を買うか」ではなく「誰から買うか」

・集客で最も重要なことは「出会う」こと

・「売上の安定」＝「出会いの安定」

・仲良くなるには「与える」こと

・ネットの集客ツールは2種類しかない

・集客とは「与える」プロセスである

第3章
どうすれば「見込み客」と出会えるのか？

▼出会う

この章では、「集客の4ステップ」の「ステップ1」の「出会う」について解説していきます。どのように出会いを増やしていけばいいでしょうか？

結婚相談所の売上が一気に3倍に！

結婚相談所をされている女性に、ある取り組みをしてもらったところ、すぐに売上が3倍になりました。

どのような取り組みかというと、**彼女の結婚相談所に見込み客を紹介してくれる人を増やすことでした。**

では、いったいどんな人が結婚相談所を紹介してくれるのでしょうか？

一つは「占い師さん」です。もうお分かりかと思いますが、占い師さんに「結婚したい」という悩みを持った人が来たら、彼女を紹介してもらえばいいわけです。すでに悩みも明確ですし、確実にお客様になってもらいやすいのです。

分析したところ、広告や自社のＷＥＢサイトよりも、紹介からのお客様が多いことが分かったので、そちらに力を入れることにしてもらいました。占い師さんだけではなく、ほかの業種の方々にも声をかけて行きました。もちろん、紹介してくれた時や、契約が成約した時にはお礼も忘れません。

そしてたった1ヶ月続けただけで、単純に売上が3倍になったのです。

「出会い」の入り口を増やせば、それに比例して売上が上がる好例です。

新規参入のお土産店なのに圧倒的な売上に！

ある社長さんが、新規事業として「お土産店」を始めました。観光地でお土産を販売するという、古くからのビジネスです。

外国人観光客が増えているからといって、そんなに儲かるビジネスなのだろうかと思ったのですが、これがとても儲かっているそうなのです。**開店してから短期間で黒字化して、しかも他店と比べてかなりの売上を上げているそうです。**

どうしてそんなことができたのか？

秘密は、やはり「見込み客」だと、社長さんは教えてくれました。

しかし、いったい「見込み客」とは誰のことなのでしょうか？　世界中に人間はいますが、誰が日本に観光に来るか分かりませんし、そもそもコンタクトをとる手段がないのではないか？　と私は思いました。

社長さんが言うには、お土産店での「見込み客」とは、ツアーガイドさんなのです。

ツアーガイドさんと仲良くなって、ツアーのたびに観光客をお店に連れてきてくれるから、売上が大きく上がるのだそうです。それに、信頼関係ができてくると、向こうから事前に電話がかかってくるそうです。そして、「こんな商品をみなさんが求めている」とリクエストを教えてくれるので、仕入れておくことができます。

これだと、ただ待っているだけのお店と比べて各段に売上が上がるわけです。

このように、**たとえ店舗型のビジネスであっても「出会い」の入り口を増やすことで、売上を増やすことができるということです。**

◉「見込み客」であるツアーガイドさんはどこにいるのか？

ツアーガイドさんが「見込み客」であるとしても、彼らはどこにいるのでしょうか？彼らの名簿がどこかに売っているのでしょうか？

言われてみれば当然なのですが、**ツアーガイドさんは観光バスの中にいます。**観光地の駐車場にはたくさんのバスが停まっていて、そこで彼らは休憩をしているのです。観光客が買い物をしている時間は、彼らにとっては休憩時間だからです。

彼らにコンタクトをとる方法はとてもシンプルです。「バスで休憩しても疲れるでしょう。うちの休憩室を使ってください」と声をかけるのです。そして、お茶やお菓子でもてなして、世間話をしながらゆっくりしてもらいます。

もちろん、最後には連絡先を聞いておきます。そして、お店からちょくちょく連絡をしておくわけです。

ガイドさんも親切にしてもらえるので、積極的にそのお店を紹介してくれます。

そうやって、ツアーガイドさんとのつながりが少しずつできてきて、一定数になると黒字になり、さらに増えるとものすごい利益が生まれるわけです。

「一人ひとりに声をかける」という地味な作業ですので、多くの人は嫌がります。しかし、実はそれが一番の近道だったりするのです。

なぜ、子どもが幼稚園に入ることを知ってるのか？

「なんで、うちの子が幼稚園に行くことを知ってるのか？」と、驚くようなタイミングで、子ども向け通信教材のダイレクトメールが届いた経験のある人は少なくありません。

小学校、中学校、高校に上がるタイミングで塾の案内、そして成人式の着物の案内など、ピッタリのタイミングでダイレクトメールが山のように届きます。

単純に言えば、ダイレクトメールを送れば送るほど売上が上がります。

子ども向け通信教材を販売している会社はたくさんありますが、結局のところ、顧客情報を一番多く持っている会社が、一番大きな売上を上げます。**単純に持っている顧客情報の数と売上は比例するわけです。**ですので、企業はなるべくたくさんの連絡先を入手しようとするわけです。

では、子どもの情報はどこで手に入れているのでしょうか？

以前は住民票を簡単に閲覧できたので、容易に入手できました。しかし、個人情報の取り扱いが法的に厳しくなってからは、そういうこともできなくなりました。そこで、企業はさまざまな努力をしています。

たとえば、子どもの情報の一つの入手ルートは産婦人科です。

産婦人科にお願いして、アンケートをとってもらうのです。赤ちゃんが生まれてほっとしているママに向けて、「アンケートに答えてくれたらお祝い行事に使える赤ん坊の着物をプレゼントします」などと言って、生まれた子どもの名前や生年月日、そして連絡先などを書いてもらうわけです。

無料でプレゼントがもらえるので、多くの方がアンケートに答えるでしょうし、送付先の連絡先もしっかり記入します。そして、数年後、忘れた頃にダイレクトメールが届き、「どうして知ってるの？」と驚くわけです。

企業としては、さまざまなプレゼントを無料で提供し、協力してくれる産婦人科に対してもお礼をする必要があります。顧客情報を獲得するために、かなりのコストをかけているのです。

しかし、それだけコストをかけたとしても、長期的に見れば利益が出ます。**「見込み客」の情報には、それだけの価値があるということです。**

これは大きな会社の事例でしたが、小さな会社でも理屈はまったく同じです。

売上は「見込み客」の数に比例する

いくつかの例を紹介しましたが、この章で言いたいのは、**「売上は見込み客の数に比例する」**ということです。

同じようなビジネスを同じような価格帯でやっていて、売上が2倍も3倍も違う場合、その原因は単純に「見込み客」の数の違いであることがほとんどです。

「見込み客」が100人の会社と、1000人の会社では、単純に売上が10倍違ってくると考えていただいて結構です。

「どうしてあの人は売上が大きいのだろう」と不思議に思ったら、その人がどれぐらいの「見込み客」を持っているかを聞いてみたり調べてみると、大きな気づきがあることでしょう。

やはり、売上が大きい人ほど「見込み客」を多く持っていることが実感として分かるでしょうし、どのように「見込み客」と出会い、関係を深くしているのかということを知れば、あなたの集客の大きなヒントにもなることでしょう。

あなたは1ヶ月後のイベントに何人誘えるか？

もしあなたが1ヶ月後にイベントを開催するとします。誕生会、お花見、暑気払い、忘年会、親睦会、勉強会、セミナーなど、なんでもかまいません。

その時、あなたは何人に声をかけることができて、何人が参加してくれると予測できますか？

ぜひ、時間をとって考えてみてください。

携帯電話の電話帳、メールアドレス、ソーシャルメディアでつながっている人たち、いろんな団体に所属している人たち、そんな人たちをリストアップしていきます。いったい声をかけることができるのは、何人でしょうか？

集客においては、この「声をかけることができる人」が「見込み客」です。直接声をかけられる人は、「見込み客」の中でも信頼関係がかなりできている人と考えていいでしょう。

実際、私のセミナーの中で、このリストアップをしてもらい、「自分はいったい何人の人を呼べるだろうか？」と予測してもらうことがあります。

親友なども含まれていて、純粋な「見込み客」とは呼べないかもしれませんが、おおよそ声をかけられる人数とその人の売上は比例しています。

1人で数千万円を売り上げている人は、自分の誕生会に100人も200人も呼べるという人が多いです。

◉見込み客＝顧客情報＝顧客リスト＝連絡先

「見込み客」という言葉を使っていますが、ありていに言えば、それは**「顧客リスト」**ということになります。

ほかの言い方では**「顧客情報」「個人情報」「連絡先」**などとも呼ばれます。もっと具体的に言えば、**「氏名」「住所」「電話番号」「メールアドレス」**などもそうです。

また、ソーシャルメディアやチャットのツールで連絡できるのであれば、それも一種の「顧客リスト」であり、「見込み客」だということです。

いろんな人がいろんな単語を使いますし、中には専門用語も多く出てきます。

しかし、難しく考える必要はありません。**要するに、お客様の連絡先を教えてもらい、こちらから連絡できる状態であることが大事だということです。**

◉法人の情報なら購入できる

「個人情報」という言葉が出てきたので一つ補足しておきますが、法人の情報については個人ほど規制がありません。会社概要などを自社のWEBサイトに掲載している会社も多いので、個人情報よりも入手することが容易です。業種別の法人リストが販売されていたり、ダイレクトメールやFAXを送ってくれるサービスもあります。

ですので、ある業種に絞ってビジネスをしている人にとっては、法人の「見込み客」リストを入手することは非常に簡単なことなのです。

ゼロからまずやれること。
たったこれだけで売上は増える！

繰り返しになりますが、集客のキモは「出会う」ことです。

出会う数を増やせば、それにしたがって売上も上がります。

しかし、どうすれば出会いを増やすことができるのか？ いくつかの例を紹介しましたが、紹介や、メルマガ、ダイレクトメールなど、難しいことをしなければならないと考える人もいるかもしれません。

しかし、それより前にやれることがあります。しかも、とても単純で、それだけで結果的に売上が上がります。

それは、「自分から人に会いに行く」ことです。

本当にシンプルな考え方ですが、交流会、セミナー、地元の集まり、業界の集まり、飲み会、お祭りなど、自分から足を運ぶだけで「出会い」の数は増やせます。

集客は「自分から会いに行く」というのが基本だと思ってください。**さまざまな集客の方法がありますが、それは、「自分から会いに行く」ことを効率化しただけ**であって、本質はこれなのです。何十万円も何百万円もお金をかける必要はありませんし、ものすごく高いスキルが必要なわけでもありません。

ただ、人と出会う機会を探して、出かけていくだけです。

誰にでもできることなので、逆に「意味があるのか？」と思う人もいるでしょう。**しかし、多くの人がバカにしてやらないことをやると、簡単に成果が上がります。**もちろん、いきなり数日後に売上につながるわけではありませんが、数ヶ月後には「あの時に参加したつながりから売上が！」となることでしょう。

自分の足で集めるのが意外に効果的

地域限定ビジネスであれば、**「ポスティング」**という方法もあります。チラシを各家庭のポストに入れることです

学生服や学校の備品などを販売している方は、毎年の繁忙期の前には、毎日のように地域を歩いてポスティングをされていました。チラシを見て学生服を買いに来てくれる人がいますので、やればやるほど効果があったそうです。

学習塾をされている方も、同じように最初はチラシを一軒一軒にまいていったそうです。最初の生徒が見つかるまでは、とにかく毎日のようにチラシをまいたそうです。1**人見つかれば、そこからは友達を誘ってくれたり、兄弟が入ってくれたりして、集客が徐々に安定していったそうです。**

また、マジシャンの方は、居酒屋を回って営業をされていました。繁華街に行けば、

見込み客がそこにいるわけですから、やらない手はありません。しかも、何軒かに1軒は商談がまとまって、パフォーマンスをやらせてもらえるようになるそうです。そういうお店を1軒ずつ増やしていけば、そのうち売上は安定していきます。

こういう集客方法は、時間はかかりますがコストはそれほどかかりません。そして、効率は悪くても、やればやるほど成果が上がります。

成功している人は、「質より量」から始めている

ビジネスの段階、業界、住んでいる地域、状況、その方の性格などに応じて、「良い集客方法」というのは変わってきます。「やってみないと分からない」というのが本当のところです。

多くの人は、いわゆる「再現性のある成功方法」を知りたいわけですが、**誰でも成功する方法はありませんし、誰でも簡単に集客できる方法もありません。**もしあれば、すでにすべての社長が集客に大成功しているはずです。

私は職業柄、さまざまな集客方法をお聞きする機会がありますが、ほとんどの人が、ご自身で試行錯誤して作り上げた方法で結果を出しています。

それは、ダイレクトメールや口コミや広告であって、けっして目新しいものではありません。ただ、その人たちは、**とことん試行錯誤して、改良し続けて、その人しかできないような工夫の詰まった方法にまで昇華しているのです。**

唯一、再現性があるとすれば、それは「たくさんの行動をした」ということだけなのです。

多くの人が、**「最初はとにかくたくさんの行動をした」**と言います。出られる交流会などにはすべて参加し、飲み会があったら顔を出し、紹介してくれそうな人がいたら会いに行きます。サークルや団体があれば、とりあえず入会してみます。効率が良いか悪いかは気にしません。行ってみないと分からないからです。参加してみれば雰囲気も分かりますし、数回行ったら判断できます。

ネットのツールも、知ったらすぐに使い始めます。さまざまなものを同時平行で使うわけです。また、資金に余裕があれば、広告もいろいろ試します。試してみるからこそ、どの媒体の反応が良いのかも分かります。

そして、そのうちにご自身にとって「良い集客方法」が確立してきます。それが分かった段階で、量を追い求めるのをやめて、質を追求していけばいいわけです。

最初から質を追い求めると、とてつもなく時間がかかります。

最初は「良い集客方法」を追い求めずに、「やれることはすべてやる」というスタンスで、量をこなしていきましょう。

「売上の安定」と「安心感」を手に入れるには?

効率を高める話はこれからしていきますが、その前にお伝えしておくべき重要なことがあります。

それは、最初は「効率が悪くても一定期間はやり続ける」と決めることです。

私の場合は、セミナー事業を始めて、最初はとにかくいろんな場所に出かけていきました。名刺交換をして、チラシを配布させてもらい、新しい出会いを作っていきました。

セミナーの集客期間である2ヶ月間は、毎日のように交流会やセミナーを探して出かけて行きました。昼と夜にイベントがあれば両方参加しましたし、朝の勉強会が流行った時には、1日に三つのイベントに行くこともありました。ある時、二つのイベントの日時が重なってどちらに行くか迷ったのですが、よく見たら近くの会場で開催されることが分かったので、掛け持ちしたこともあります。

そうやって足で稼いで集客していると、1万円のセミナーに30人から40人は来てもらえることが分かりました。**本当にヘトヘトになって、体力的にはキツかったのですが、やればやるだけ集客でき、一定の売上が確保できるという「安心感」を得ることができました。**

当時、30代前半だったのですが、「40歳まではチラシを配り続ける」と心に決めました。**そう考えることで、40歳までは食べていけるという安心感が生まれたのです。**

実際には、効率的に集客できるようになり、チラシを配布しにいかなくてもよくなりました。しかし、「足で稼げば40歳までは食べていける」という安心感があったからこそ、いろんな集客方法を試す余裕が生まれたのです。

集客できる「場」の特徴と活用方法

自分の足で稼ぐなら、3人しか集まらない場所に行くより、10人集まる場所のほうがいいでしょうし、100人のほうがさらにいいわけです。(もちろん、参加人数が多くてもつながれる人数が少なければ、あまり意味がありませんが。)

リアルな場でもそうですし、ネット上でも同じことがいえます。ソーシャルメディアでも、たくさんの人が使っているものを活用するのが一番です。

「どうしてあのソーシャルメディアが良いのですか?」という質問の答えは、シンプルに、**「使っている人が多いからです」**ということになります。

時代によって、「出会い」が多く作れるツールやメディアはどんどん変わっていきます。

数年前まで効率の良かったメディアが、今ではあまり効果がないということもよくあります。一つのツールやメディアでうまく集客できるようになっても永遠には続きません。

ですので、いつでも新しいメディアに乗り換える心構えで、そのツールやメディアを活用することをお勧めします。

本質さえ理解していれば、どんなツールやメディアに乗り換えても、うまく活用することができます。やることは「出会い」を作ること。そして、連絡できるようにすること、です。

それさえ分かっていれば、あとはそのメディアの特性にしたがって使い方を応用していけばいいわけです。

集客が爆発するタイミングとは？

新しいメディアが出てきた時には、とりあえず使い始めてみましょう。

というのも、まだ使っている人が少ない場合には、アクセスが集中することもあるからです。
メディアの運営会社もたくさんの人に使ってもらいたくて、販促費用をかけて拡散をしている時期もあります。そのタイミングで一気に拡散するかもしれません。その波に乗るために早めに使い始めておくわけです。

私の場合は2002年にメールマガジンを始めました。無料のメルマガスタンドを使いました。**当時はメールマガジンの配信自体がまだ少ない時代でしたので、配信初日から、2000人の読者が登録してくれました。**そして、毎日勝手に読者登録が増えました。

メールマガジンの次はブログが流行りました。いろんな会社が運営していましたので、もっとも流行っているブログに利用者が移動していきました。そして、ソーシャルメディアもたくさん出てきて消えていきました。

どのメディアが当たるかは分かりません。しかし、いち早く使い始めた人がチャンスをつかんでいます。

出会ったその時、「これ」を忘れないで！

「出会い」を増やすことが大事とお伝えしていますが、念のために付け加えておくと、ただ出会うだけに終わらせないでください。肝心なことは、連絡先を教えてもらうことです。**繰り返しますが、「顧客情報」であり「顧客リスト」です。**

相手が「この人にもう少し話を聞きたい」と思っているのに、お互いに連絡先を交換しなければ、チャンスを失うことになります。また、「今は必要ないけど、来年ぐらいには」と考えている相手であれば、その時期が来るまでつながっておく必要があります。ですので、何かのイベントでせっかく出会ったとしたら、名刺交換をしたり、ソーシャルメディアでつながったりしておくわけです。

これはリアルな場だけの話ではありません。ネット上でも同じです。

あなたのＷＥＢサイトやブログに誰かがアクセスしても、それだけだとあなたから連絡をとることができません。交流会であれば名刺交換をすればいいのですが、WEBサイトではどうすればいいでしょうか？

この場合は、あなたのメールマガジンに登録してもらうとか、チャットのツールに登録してもらうなどで、連絡がとれるようにするわけです。

もう一度おさらいですが、

出会うためのツール＝WEBサイト、ブログ、ソーシャルメディア、etc.
仲良くなるためのツール＝メルマガ、チャットツール、電話、etc.

ということです。

そして、こちらから情報を提供しておくことで信頼関係が築けて、しかるべきタイミングが来たら、問い合わせてくれたり、商品を購入してくれたりするわけです。

嫌がられないスマートな出会い方

交流会やソーシャルメディアを使ってもうまくいかない人の特徴は、お客様を探すことだけを目的にしている点です。これは第1章でもお伝えしたとおりです。

そのスタンスでは、「この人は売るためだけに来てるんだな」「自分の商売のために使ってるんだな」ということが伝わるので、ほとんどの人とつながりを作れません。これはとても効率の悪いアプローチです。

集客ができる人は前提が違います。

彼らは、「仲間を作りに行こう」とか、「面白い人はいないかな?」というノリで交流会やソーシャルメディアを使っています。 このスタンスであれば、相手に興味を持って交流できますので、たくさんの人に良い印象を与えることができ、「仲間」や「知り合い」としてどんどんつながっていけます。

実は、そういうつながりは、後々に大きな財産になります。そういう仲間から仕事の紹介をもらったり、商品やイベントの告知協力をしてもらったり、人脈をつなげてもらうこともあります。

◉売り込みはしない。でも、コレを話す

ですので、初対面の人に売り込みをすることはＮＧです。いきなり商品の説明をすれば、ほとんどの相手は引いてしまいます。

しかし、何も話さないわけではありません。逆に自分のことを話さない人がいると、「あの人は何をしている人なんだろう」「何をしに来たんだろう」と不安がられます。ですので、誰を対象にどういう仕事をしているのかということは、しっかりと分かりやすく伝えたほうがいいわけです。

そしてその際、さりげなく「成功事例」を話してもいいでしょう。

お客様がどんなに幸せになったのかという話を端的に伝えればいいわけです。

・これをやったら、大体の人が5キロは痩せます
・このデザインで売上が1・5倍になりました
・お子さんが志望校に合格しました

など、さらっと伝えるわけです。

その時に、「あなたもいかがですか？」などと相手に促す必要はありません。それが売り込みとなってしまうからです。

ただ成功事例の紹介にとどめておくか、**もしくは、「興味がありそうな人がいたら、ぜひご紹介ください」と言うぐらいならいいかもしれません。**

◉売り込まないのにアピールできる方法とは？

成功事例を話すと、興味のない人は特に何も言いませんので、話題が自然に変わると思います。

しかし、数人のうちの1人ぐらいはあなたの話した成功事例に興味を持ってくれて、質問をしてくる人がいるはずです。

「これはどんな効果があるの？」「どういうしくみなの？」「どんな人が買うの？」などと質問されたら、相手が知りたいのですから説明してあげるほうが親切です。

ですので、自然に答えることができますし、**その回答がそのままあなたのアピールになり、あなたの商品の説明になるということです。**

連絡先を教えたくなるような「プレゼント」を用意しよう

最初の出会いの印象を良くし、その後のつながりを深くするためにできる工夫があります。それは、**あらかじめプレゼントを準備しておくことです。**これだと、個人のコミュニケーション能力に左右されません。

あなたも、日常的な買い物の場面で、さまざまなプレゼントを目にしていると思います。

たとえば、居酒屋さんやサロンでは、連絡先を登録してくれたら「割引」をしたり、「飲み物をサービス」してくれたり、次回使える「割引券」をくれたり、さまざまなプレゼントを用意しています。前述の子ども向け学習教材の会社が「赤ん坊の着物」をプレゼントするのもその一例です。化粧品やサプリを扱っている方は、「試供品」や「サンプル」をプレゼントするでしょう。

ノウハウをまとめた「小冊子」をプレゼントしている人もいます。紙の冊子にするのはお金もかかりますが、電子ファイルをダウンロードしてもらう形式であればもっとお手軽です。動画や音声でもいいかもしれません。

このように最初にプレゼントを用意しておけば、連絡先の交換も容易ですし、「後からプレゼントをお送りします」と言えば、連絡もしやすくなります。交流会で名刺交換した方やソーシャルメディアでつながった人にもお知らせを送ることもできます。

これらのプレゼントは、ステップ2の「仲良くなる」の入り口です。

つまり「与える」方法の一つです。**ほかにもさまざまな「与え方」がありますので、詳しくは第4章をお読みください。**

「出会いの入り口」を増やすほど安定が手に入る

最初は自分が出かけて行って、ソーシャルメディアに登録して、つながっていくことが集客のスタートですが、そこから、だんだんと出会いの入り口を増やして行きましょう。一つの出会いの入り口が見つかったら、それを少しずつ効率化していき、空いた時間に次の出会いの入り口を作っていきます。

そうやって、一つが三つ、三つが五つというように、出会いの入り口が増えれば増えるほど新しい出会いが増えて、売上が安定、そして拡大していきます。

重要なことは、一つの入り口だけで集客が安定するわけではない、ということです。

たとえば、毎月10人の新規客を集めているお店があったとして、

・看板を見て1人
・ネット広告から1人
・自社サイトから1人

・既存客の紹介で1人
・ソーシャルメディアから1人
・PTAの集まりで会った人が3人
・タウン誌から2人

というぐあいに、それぞれの入り口からは少人数しか来店していません。
しかし、**すべてを合計するとそれなりの数になっている**ということです。

また、実店舗を持たない、カウンセラーなどの方であれば、自分で企画したセミナーに集客するとして、

・ブログから1人
・動画サイトから1人
・ソーシャルメディアから1人
・メルマガから2人
・チャットのツールから1人

・メールで一人ひとり直接お誘いして2人
・交流会でチラシを配って1人
・参加者が友達を連れてきてくれて1人

という感じです。同様に、さまざまな入り口からの申し込みがあって、トータルではそれなりの人数になる、ということです。

見込み客は意外な場所にいる!?

あるオーダースーツのお店をやっている方は、茶道を習いに行っています。

それはなぜかというと、オーダースーツを仕立てるような美意識のある経営者とのつながりが作れるからだそうです。

また、英語コーチングを提供している方は、マラソンによく参加されています。経営者も多いですし、学ぶことにも前向きな方が多くいるからだそうです。

また、予約のとれないレストランに行くようなグルメなコミュニティには、お医者さんや経営者などがたくさんいらっしゃいます。ワイン会に参加してみても、同じような傾向があります。

このように、あなたの対象となる見込み客が多く集まっている場所が、もしかしたらあるかもしれません。その場所を見つけたら集客がグンと楽になります。

ただし、業界の会合などとは違い、外から見てどんな人が集まっているのかは分かりません。それに、そのような情報が出回っているわけではありません。彼らはたまたま集まっているだけなのです。

ですので、**対象となる見込み客には趣味を聞いてみたり、よく行く集まりを教えてもらったりすることをお勧めします。**想像もしていなかった場所に、見込み客が集まっていることに驚くかもしれません。

◉出会う方法は無限にある！

もう一つ大事な考え方をお伝えしておきます。

それは、**「出会う方法は無限にある」**ということです。

繰り返しになりますが、集客には決まった正しい方法があるわけではなく、一人ひとりの経営者が編み出した独自の方法がいくつも存在するだけです。その方法も、時代の流れで効果を失うことも多くあります。ですので、経営者一人ひとりが毎日研鑽し、新しい集客方法を探し続ける必要があります。

「新しいメディアがないか？」「もっと人が集まる場所がないか？」「もっと良いプレゼントはないか？」と、日々、考え続けることが経営者の仕事です。集客は、経営者にとって最重要な仕事の一つなのです。

「出会い」を増やす三つの入り口

「出会い」を増やすために、自分の足で稼ぐ以外にどんな方法があるでしょうか？

「自力」の反対は「他力」です。自分の力でできるところまでやったら、次は他人の力を使うことを考えるタイミングです。

他人の力を使った集客とは、大きく分類するとこの三つになります。

❶紹介や口コミ

お客様や仲間に見込み客を紹介してもらうことです。

❷ジョイントベンチャー

ほかのビジネスをしている人と組んで、すでにその人（会社）が持っている見込み客に自社商品を販売させてもらうこと。

❸広告

お金を出して広告を出すこと。

以上、三つの中でもさまざまな方法がありますので、いくつか紹介しましょう。

出会いの入り口❶ 紹介や口コミ

集客において最も優れているものが、紹介や口コミです。

利点はさまざまありますが、主には次のような点です。

集客コストがほぼゼロ

紹介や口コミの場合は、ほかの人が友達や知り合いを連れてきてくれるので、集客にかかる時間や労力がなくなります。

もちろん、既存客へのフォローなど、しっかりとする必要はありますが、それでも新規集客に労力をかけるより何分の一かの労力で済んでしまいます。

お客様になってもらいやすい

紹介で来てくれた見込み客の場合、「あの人の紹介だから」ということで、すでにある程度の信頼感を持って来てくださることがほとんどです。ですので、まったく初対面にもかかわらず、すんなりと商品を購入してもらえる確率がとても高くなります。

やればやるほど集客が楽になる

口コミが起こるようにビジネスをしていれば、既存のお客様が増えれば増えるほど、さらに口コミをしてくれる人が増えることになります。つまり、ビジネスを続けていれば集客が楽になっていくということです。

◉口コミしやすい商品や場を持つ

いくらお客様に満足していただいて、「あなたの会社を友達にも紹介したい！」と思ってもらったとしても、紹介しづらい場合もあります。たとえば、いきなり数千万円の家を紹介されても、困る人も多いのではないでしょうか。

ですので、実際に買ってもらう商品のほかに、最初にお試ししてもらえるような紹介しやすい商品を持っておくことがポイントです。これは、何度か事例に出している英会話スクールが「体験レッスン」を提供するのと考え方は同じです。

たとえば、あなたの商品やサービスに関係する安価なセミナーなどを用意しておくことも効果的です。数千円ぐらいであれば紹介もしやすいですし、紹介された人も気軽に受講できます。それに、いきなり1対1ではなく、複数人が参加するセミナーであれば、「売り込まれたらどうしよう。断りにくい」という気持ちも感じなくて済みます。

テーマは本業に関わり、かつニーズの高いものが良いでしょう。デザイナーさんが

「マーケティングセミナー」を、税理士さんが「起業セミナー」をするなど、集客しやすいテーマを探してみてください。

また、本業と関係ないイベントでも入り口になります。ワイン会、流行りの本の読書会、マラソンの会、グルメの会など、気軽な勉強会や遊びのイベントであれば、多くの人が気兼ねなく紹介してくれます。本業の商品では出会いの入り口を作りにくいような保険業、士業、コンサルタントなどの方々が、こういう会を主催していることが多いです。

また、葬祭業なども、口コミは起こりにくいです。しかし、ご年配向けに旅行などを企画して、遊びで友達を誘ってもらうと、たくさんの人を集客することができます。そこから葬儀会社の会員になってもらって、いざ葬儀の時に使ってもらうという施策をしている会社もあります。

◉紹介のための武器を配布せよ！

商品が良くても、口コミは勝手に起こりません。

もちろん、一部のお客様は口コミをしてくれますが、それは本当に少数でしかありません。実際には、お客様に働きかけて口コミをしていただくことが必要です。そもそも、他人の商品を誰かに紹介することは簡単なことではありません。商品の良さを言葉にして説明することは、トレーニングを受けた営業マンでも難しいのですから。

ですので、口コミをスムーズにしていただくためには、お客様の負荷をなるべく少なくして、気軽に紹介できる状態にしてあげる必要があります。

ベストなのは、渡すだけで相手に商品の良さが伝わるチラシやパンフレットを用意しておくことです。一種の「武器」ですね。**これさえ渡せばあとは説明する必要がないということであれば、お客様も気楽に配布してくれます。**もちろん、これはＷＥＢサイトでもかまいません。サイトの情報を送っておけば、気になった人からは申し込みがあるでしょう。

また、前述した「プレゼント」を無料配布してもらうのも効果的です。試供品や小冊子をまとめて渡して、友達に配布してもらうわけです。そうすれば、説明することなく良さが伝わります。

◉どんどん紹介したくなるしくみ

良い商品であれば、どんなお客様でも「紹介してあげよう」という気持ちを持っています。**しかし、「紹介してあげよう」という気持ちを持つことと、実際に「紹介する」という行動を起こすことの間には、大きな隔たりがあります。**

そこで大事なのは、紹介という行動を促すしくみを作ることです。

「友達紹介キャンペーン」というものを、あなたも1度は見たことがあると思います。このようなキャンペーンを企画して、紹介してくれた人に感謝のお礼をするわけです。**人は「メリット」と「締め切り」があると行動しやすいので、キャンペーンの期間を区切って行うのが効果的です。**

紹介者には、割引や次回無料になるクーポンなど、喜ばれそうなお礼を用意しておきましょう。金額の大きな商品の場合は、金券などを贈ったり、感謝を伝える場としてお礼のパーティを開催してもいいかもしれません。

自分にだけメリットがあると気が引けるという方もいらっしゃいますので、お友達にも同等のメリットを提供するのがポイントです。そうすれば、「私の紹介だとこんなメリットがある」と言えるので、誘いやすくなります。

出会いの入り口❷ジョイントベンチャー

次にジョイントベンチャーですが、狭い意味では「共同で事業をする」ということになるかもしれませんが、本書ではもう少し広い意味で使うことにします。

つまり、共同で事業をするだけでなく、他社と組んで集客を行うことや協力しあうこと全般をジョイントベンチャーと呼ぶことにします。

さまざまな形態がありますが、次のように大別してみました。

対等な形での協業
プラットフォームを活用する
見込み客を持つ企業との提携

お金をもらって集客する

では、これから一つずつ解説していきます。

◉対等な形での協業

一つ目のジョイントベンチャーの形態は、お互いが対等な立場での協業です。

ノルマなしに見込み客を紹介し合うというゆるやかな関係もあれば、数社で集まって共同でイベントを開催するなどの緊密なものまで、さまざまな組み方があります。

小さな会社だと自社での集客には限界がありますので、こうやって何社かで集客を協力し合うのは一般的です。経営者の集まる会などで知り合って、意気投合した者同士で協力し合うということはよくあります。

ちなみに、**他人と組んでプロジェクトをする大きなメリットは、サボらずにどんどん進むことです。**たとえ集客効果が少なくても、それだけで他人と組むことは意味があると思います。

交流会などはビジネスをしている人が多く集まりますので、相手のニーズも集客です。ですので、最も喜ばれるのは、相手の営業マンになってあげることです。相手の提供している商品やサービスを理解して、興味がありそうな人がいたら紹介するわけです。

まず、相手の営業マンになってあげる。

すぐに紹介することはできなくても、そういうスタンスで接すれば、相手と仲間になれます。**「誰かいたら紹介します」と一言伝えるだけで、グッと距離は近づきます。**

たったそれだけで協力者を増やせます。

◉プラットフォームを活用する

事業者への集客、仲介をビジネスにしている会社もあります。いわゆる「プラットフォーム」と呼ばれる形式のビジネスです。

たとえば、**展示会**、**マッチングサイト**、**ネットショッピングモール**、**アフィリエイトサイト**、**地域イベント**など、さまざまな形式があります。多くの場合は出店料がかかりますが、中には出展料は無料で、販売された時だけ手数料を支払うというケースもあります。**ここにはたくさんの見込み客がやってきますので、そこでは販売をするより、つながりを増やすことに注力すべきでしょう。**

たとえば、展示会ではなるべく多くの来場者と名刺交換をして、見込み客の連絡先を獲得するのがお勧めです。もちろん、一人ひとりとの商談も大切ですが、それにかまけて連絡先を集めることをおろそかにしないでください。

また、ネットショッピングモールでは、安価な商品を販売するにとどめておくのもいいでしょう。**その商品を販売する目的は、お客様とのつながりを構築することです。**そして、主力商品については直接販売することで、利益率も高くなります。

ただし、ネットショッピングモールの場合、購入者の情報がもらえずに、誰が購入したのか分からないケースもありますので、何かしら連絡先を入手する工夫も必要です。

◉見込み客を持つ企業との提携

すでに自分が対象とする見込み客との関係を持っている会社と、何らかの形で提携できないでしょうか？

プラットフォーム事業を本業にしていない企業には、こちらから提案をすることが必要です。

前述した子ども向け通信教材の会社が産婦人科に提案するのもこの一つです。入院しているママさんたちにアンケートを配布させてもらう代わりに、産婦人科には何らかの謝礼を支払う必要があるでしょう。

ほかにもさまざまな例があります。

結婚相談所と占い師

こちらも、この章の冒頭で紹介した例です。

占い師に恋愛相談に来たお客様を、結婚相談所に紹介してもらいます。

弁護士と整体院

整体院に来た交通事故の患者さんを弁護士さんが紹介してもらうこともよくあります。

健康・美容商品とヨガインストラクター

ヨガインストラクターに、健康食品や美容器具を生徒さんに紹介してもらうという組み方です。ヨガ以外のインストラクターや、美容系のサロンなどと提携することもあります。

学習塾とベビー用品

ベビー用品を取り扱っている会社のお客様に向けて、子どもの勉強についてのセミナーを開催している学習塾があります。そろそろベビー用品から卒業しそうな年齢の子どもの親御さんだけを集めてもらうわけです。

ウォーキング講師と靴店

靴店にお客様を紹介してもらい、ウォーキングのレッスンをしている人もいます。歩き方を教えると、新しい靴も欲しくなるので靴店にとってもメリットがあるそうです。

各種コンサルタントと士業

さまざまな分野のコンサルタントが、経営者のクライアントを持つ士業と提携することもよくあります。経営コンサルタントが税理士に顧問先を紹介してもらったり、研修講師が社労士に仕事を紹介してもらったりします。逆に、税理士が起業コンサルタントに新規開業する人を紹介してもらうこともあります。

これらは一例ですが、あなたにとっての見込み客をすでにたくさん持っている業種は何なのか？　ぜひ考えてみてください。

◉お金をもらって集客する

お金を払うのではなく、もらいながら集客できれば最高だと思いませんか？

そんなことがあり得るのか？　というと、実際にあるのです。

たとえば、ある程度の専門家として認知されると、講演を依頼されるようになります。**著名になれば、セミナーを主催している会社、カルチャーセンター、商工会議所など、さまざまなところから声がかかるでしょう。**もしくは、自分から提案を持ち込んで、採用してもらうケースも少なくありません。

そういった団体の多くは、日常的に新しいテーマを探しています。少人数の担当者で、たくさんのイベントを企画しなければならず、手が回らないこともあります。そんな時に目新しい提案を持っていくと、喜ばれることも多いのです。

さらに、著作を出版しているといった実績があると、相手も採用しやすくなります。「なぜこの人なのか？」ということを上司に説明しやすいという、ただそれだけの理由であることも多いのですが、実績を分かりやすく説明できるようにしておくことが必要でしょう。

出会いの入り口
❸広告

さて、**集客のしくみができたら、広告を検討するタイミングかもしれません。**

広告の良いところは、お金を使うことで想像以上に多くの人にリーチすることができるところです。自分でポスティングをして回ったら1000件なんてとても大変ですが、広告会社に依頼すればあっという間に配布してくれます。ネットを使った広告であれば、すぐに何万人もの人に見てもらうことが可能です。

地域限定の広告であれば、一つ効果の高い媒体を見つければ、長期的に集客を安定させることができるかもしれません。また、業界誌などにも、反応率の高い媒体があるかもしれません。

一方で、ネット広告の場合、数年ごとに新しい媒体が現れますし、ルールも頻繁に変更になるなど、ほったらかしで安定というわけにはいきません。本格的に運用するつもりならば、専門家の指導を受けるか、任せてしまうほうが良いでしょう。

広告の種類はさまざまです。

新聞広告、雑誌広告、テレビ広告、ラジオ広告、メールマガジン広告、ソーシャルメディア広告、リスティング広告、動画広告、交通広告、ポスティング、新聞折り込み、業界紙、会員誌、ダイレクトメール封入、郵便局、電柱広告、etc.

どんどん新しい広告が現れますので、ぜひ、情報収集してみてください。

◉プレスリリースの発行

広告以外に広く告知できる方法として、プレスリリースがあります。マスコミ各社にネタになりそうな企画を送って採用してもらえば、無料で媒体に掲載されることができます。

ただし、重要なのは、その媒体のネタとして面白いかどうか、つまりニュースバ

リューがあるかどうかということです。

たとえば、下着メーカーが毎年、変わり種のブラジャーを発表してニュースにとりあげられています。ニュースとして面白く、視聴率がとれるとテレビ局が判断しているからです。ですので、自社製品の紹介としてではなく、それをニュースとしてとりあげられるトピックにすることを考えなければなりません。

本格的にチャレンジするのであれば、こちらも、専門家の指導を受けるか、代行をお願いしてはどうでしょうか。

さまざまな「出会い」の方法を紹介してきましたが、いかがでしたか？　ここに掲載していない「出会い」の方法も、まだまだたくさんあります。

ぜひ、あなたのビジネスに合った手法を見つけていただければと思います。

第3章のまとめ

・売上は「見込み客」の数に比例する
・見込み客＝顧客情報＝顧客リスト
・まずは、自分から人に会いに行く
・最初は「質」より「量」
・連絡先を教えてもらうための「プレゼント」を用意する
・「出会いの入り口」を増やすほど安定が手に入る
・「出会い」を増やす三つの入り口

第4章

「あなたから買いたい」と言われる関係はこう作る

▼仲良くなる

さて、「見込み客」とつながることができたら、次は信頼関係を構築していくことに力を入れて行くステップです。

名刺が3000枚あったら、いくら稼げるか？

もらった名刺が溜まってしまっている、という人も少なくありません。2000枚、3000枚あるという方もいるはずです。**では、その3000枚の名刺、すなわち3000人との出会いには、いくらの価値があるでしょうか？**

私の場合、セミナーに来てくれた方々の参加者リストが1000人分あったにもかかわらず、あまり活用していない時期がありました。不定期で情報を発信しているだけでした。その話をある方にしたら、「**1000人分あれば、年に3000万円は売上を作ることができるのに！**」と、嘆いていました。

同じように、**ただ名刺交換しただけでも、3000人分あれば、商品にもよりますが、1000万円ぐらいのビジネスが生まれる可能性はあります。**

もちろん、いきなり営業すれば嫌がられます。しかし、少しずつ信頼関係を構築していけば、名刺交換しただけの関係からも価値は生み出せます。

また、誰かを紹介してもらえる場合もありますし、一緒にビジネスを始める場合もあります。せっかくの「出会い」というタネに、水をやって育てていきましょう。

「買ってあげよう」と自然に思ってしまう関係とは？

あなたが、「この人から買いたい」もしくは「この人に誘われたらイベントに参加する」という人のことを思い浮かべてください。

最初の出会いは、ただ名刺交換をしただけかもしれません。立ち話をしただけかもしれません。しかし、何らかのやり取りをしながら、今のような信頼関係が築かれたわけです。

では、何をきっかけにしてそういう関係になったのでしょうか？　何をしてもらったからそう思うようになったのでしょうか？

実はここに信頼関係を構築するカギがあります。

もしかしたら、親身になって相談に乗ってくれたのかもしれません。困った時に助けてくれたのかもしれません。必要なことをいろいろと教えてくれたのかもしれません。

逆に言えば、そういうことを見込み客にしてあげて、信頼関係を作れば、あなたから「買ってあげよう」と思ってもらえる可能性が高まるわけです。

今はまだ「出会っただけ」の関係であっても、名刺に書いてある名前・住所・メールアドレスというただの情報であっても、そこから信頼関係は構築されていくわけです。

◉なぜ、子ども向け学習教材に申し込んでしまったのか？

何度か例に出している子ども向け学習教材の例ですが、最初は「無料」の冊子がダイレクトメールとして私の家にも届きました。

数ページの冊子ですが、かわいいキャラクターが説明してくれる教材になっているので、何も考えずに子どもに渡しました。子どもは楽しそうに教材に鉛筆で何かを書いて遊んでいます。

同じようなものが数回届いたので、そのたびに子どもに渡していました。

そして、数日経って、とうとうやってきたのが「有料」の教材の案内です。

「しまった……」と私は思いました。

なぜなら、すでにうちの子どもは、そのキャラクターを好きになって、仲良くなってしまっていたからです。

教材の案内が来ると、子どもは「欲しい」と言い出しました。「ちゃんと勉強するから」と、もっともらしいことを言うわけです。それからも、何度か案内が来て、結局は教材を申し込んでしまいました。

もしこれが、**最初から有料の教材の案内であれば、子どもにも渡さずに捨てていたかもしれません。**そうすると、申し込むことはなかったでしょう。

「売る前にまず信頼関係を構築する」ことの重要性を再認識しました。

◉経営者から「一度会いたい」と言われるには？

出会った経営者たちに毎月、封書でニュースレターを送っている経営コンサルタントの方もいらっしゃいます。

だいたい6ヶ月も送っていると、経営者の方から「一度会いたい」という内容の電話がかかってくるそうです。その確率もかなり高いのだとか。もちろん、それだけ濃い内容を送っているので、相手から反応が得られるわけです。

知識も経験も十分にある方は、どんどん情報を発信すればいいということです。頭を下げて営業をする必要はありません。持っている知識を提供してあげることで、向こうから「お願いしたい」という連絡をもらうことができます。

◉絵を描くことで売上が上がった？

ある設備工事会社の社長さんは、名刺交換した相手に手書きのハガキを出して人間関係を構築されていました。

色鉛筆で絵を描いたり、色紙を貼ってコラージュをしたりして、もらった人が捨てずに取っておくほどの、ある意味で芸術作品のようなハガキでした。

慣れると描くのに時間はかかりませんし、何より相手の喜ぶ顔を想像してハガキを描いている時間がその社長さんにとっては至福の時だったようです。

そうすると、電話をかけた時の相手の反応がぜんぜん違うのだそうです。すぐにアポが取れるし、商談成立までの時間がグッと短くなるそうです。

ちなみに、そのハガキは見込み客だけでなく、ラジオ番組にも送っていたそうです。好きなラジオのパーソナリティがいたので、毎週のように素敵なハガキを送っていたのだとか。

そして、たまたまそのパーソナリティが出演するイベントがあった時に、「いつもハガキを送っている○○です」と言うと、即座に分かってくれて、それ以降は個人的にやりとりをするほどの仲になったそうです。

「1分の訪問」で深い信頼関係を構築する方法

定期的に客先を訪問する、いわゆる「ルート営業」と呼ばれる営業は、「仲良くなる」ために効果的な方法の一つです。ただし、相手が仕事中で忙しい確率も高いので、あまり親密な話ができないという場合も多いです。1分ほど話をして終わりという時もあります。

そこで効果的なのはニュースレターを手渡しておくことです。1枚ものでいいので、学級新聞のようなものを作るわけです。そこには、商品や専門分野の話題だけでなく、自分やスタッフの身の上話などを書いておくと親近感が増します。

ニュースレターを渡した次の訪問の際に、相手からその話題で話しかけられて、盛り上がることがよくあります。

また、親近感が増すと、相手が相談もしやすくなるので、専門分野のことも気軽に相談してもらいやすくなります。

◉「年賀状」にも意味がある？

日本には「年賀状」という慣習があります。これも、人間関係をつなぐための手段です。

ほかにも、暑中見舞い、お中元、お歳暮などは、古くからある方法ですが、形骸化してしまってやらなくなる人も増えてきました。

また、「接待」というものも昔からありますが、あれも人間関係を構築するための方法です。

古いからといって切り捨てるのではなく、かといってただ昔からやっていたからというだけの理由で続けるのではなく、**「人間関係が構築できるか？」**という観点から、このような活動をやるかやらないかを決めればいいと思います。

たったこれだけで信頼関係が作れる

さて、いろいろな例を紹介してきましたが、**これらはすべて「仲良くなる」、つまり「信頼関係を作る」ための手段です。**

「信頼関係を作る」というと難しく考える方もいるかもしれませんが、実は簡単な方法があります。**それは、「頻繁に会う」ということです。**ただそれだけで、人は好意を感じ、信頼関係を構築することができます。

これは、米国の心理学者のロバート・ザイアンスが提唱した**「単純接触効果」**という考え方です。ザイアンスいわく、「人は知らない人間には攻撃的で、逆に、会えば会うほど好意を持つようになる」のだそうです。

この時、ポイントは回数であり、時間ではありません。

たとえば、週に何度か通うカフェの店員さんには、いつの間にか親近感を感じてしまいます。毎月通う美容院のスタイリストさんとの心の距離もグッと近くなっているはずです。

カフェの接客が2分だと、週5回通ってもトータルではたった10分です。月に約40〜50分、1年でも10時間にも満たないのです。美容院が1時間だとしたら、1年で12時間しか一緒にはいません。

もし、2日で10時間の講習を受講したとして、その講師との親近感はカフェの店員さんやスタイリストさんほどにはなりません。

このように、短時間でもいいので高い頻度で会うということが効果的だということです。その場合、**最初は短期間に何度も会うのが効果が高いとされています。**

3ヶ月おきに1時間会うより、3日おきに10分会うほうが親近感を感じやすくなるというのは、簡単に想像していただけると思います。

◉会わずに「仲良くなる」方法とは？

しかし、多くの見込み客にそれだけ頻繁に会うことはできるでしょうか？

1人に10分とすると、理屈では1時間に6人に会えます。しかし、移動時間や実際にアポが取れるかなど、さまざまな現実的な条件を考えると、1日に会えるのはせいぜい数人です。

そこで重要になるのが、実際に会うことなくコンタクトをとる方法です。**たとえば、手紙、電話、電子メールなど、さまざまな手段を駆使して、思い出してもらうということです。**

インターネットを使えば、音声や動画も送れますので、会わなくても親近感を感じてもらえます。定期的にメールマガジンを配信している人がいますが、それも頻繁にコンタクトするのが目的だということです。

近づけば近づくほど「仲良く」なれる

コンタクトをとるにはさまざまな方法がありますが、会えるなら会うほうが当然ながら効果は高まります。**メールよりも手紙、手紙よりも電話、電話よりも直接会うほうが、相手に与えられる影響力は高まるからです。**

大きな会社では営業マンが何人もいて、ルート営業をして注文をとったり、お客様のニーズを聞き出してコンサルティング営業をしたりします。もちろん、それは商品単価が大きいので人件費を使っても採算がとれるからです。

では、そういう営業はある程度以上の規模の会社だけのものかというと、そうでもありません。小さい会社は小さい会社なりに対面営業を駆使すればいいと思います。

◉つながり方に濃淡をつける——リアルで会う人、ネットで会う人

見込み客全員に会うことは難しいかもしれませんし、そもそも非効率的かもしれません。その場合は、見込み客によって対応の種類を変えることも考えられます。

たとえば、年間の注文額の多い既存客や、今後、大きな取引が見込めそうな新規の見込み客を洗い出し、そのお客様だけは定期的に直接訪問営業をしていいかもしれません。

一人ひとり訪問するのが大変であれば、そういうお客様だけを集めた**食事会**などを催すということも考えられます。

また、見込みがそこまではないお客様は**手紙やはがき**を送り、さらに見込みが低いお客様たちには**メールだけ**を送るなど、つながりの方法に濃淡をつけることで、限られたリソースをうまく活用することができます。

集客とは、「与えるプロセス」である

これは第2章でもお伝えしていますが、信頼関係を構築するということは、相手に「与える」ということに尽きます。会うだけでも親近感を感じてもらえますが、「与える」ことで、さらに「仲良くなる」ことができます。

情報を提供するにしても、相手の話を聞くにしても、とにかくそれは「与える」という作業なのです。

間違っても相手から「奪おう」とか、相手に「買わせよう」ということは考えないでください。集客とはひたすら「与える」ことでしかない、と思っておけば間違いありません。これさえ忘れなければ、集客で迷うことはないでしょう。

一つひとつの場面で「損か？　得か？」と考えて止まる必要はありません。少々コストや手間がかかっても、基本的には「与える」ことを選択していきましょう。

もちろん、「与える」ことで、将来必ず得られるものがあると確信を持ちながら進めてください。一つひとつの行為から、直接返ってくるものはないかもしれません。100人中99人からは返ってきません。しかし、トータルでは、必ず大きなものが返ってくるはずです。

◉人に「与える」とは？

「自分が人に『与える』ことなんてできるだろうか？」と、難しく考える必要はありません。

どんな小さなことでもいいのです。「明るく接する」とか「相手の話を聞く」だけでも「与えた」ことになるのです。**相手の感情が良くなれば「与えた」ことになると考えて結構です。**

良い感情になる、気分が良くなる、エネルギーが高まる、いろんな表現があると思いますが、要するに感情の問題なのです。

ということは、いくら時間をかけても、いくらお金をかけても、相手の感情が良くならなければ「与えた」ことにはならないということです。せっかく得意客にお金をかけてプレゼントをしても、相手が欲しいものでなければ、それほど効果はないかもしれません。

◉リスクを肩代わりする理由とは？

また、「与える」ということは、売り手がリスクをとってあげるということでもあります。

人は少しでもリスクがあるとブレーキをかけます。特に、まったく初対面の場合、相手がどんな人か分かりませんし、どんな仕事をしてくれるのか、そのクオリティも分かりませんので、仕事を依頼しづらいわけです。

ですので、まず商品やサービスを無料や格安で「与え」て、試してもらうわけです。何度か例に出している、英会話の体験レッスン、車の試乗、化粧品の試供品、マンションのモデルルームなども「リスクの肩代わり」だということです。

ですので、**「与える」場合には、相手に喜んでもらうという観点だけでなく、「不安を解消してあげるには？」という側面からもアプローチするのが効果的です。**

いつまで与え続ければいいのか？

集客で大切なことの一つは、**気長に無理せず**与え続けることです。

買うタイミングはお客様が決めますので、そのタイミングが来るまでただ与え続けましょう。「これだけ与えたら買ってくれるだろう」と変に期待をしても、そうはいきません。気分的に苦しくなってきます。

私が以前、出版記念セミナーを開催した時、たくさんの方が会場に駆けつけてくださいました。1年ぶりに会う人や、5年ぶりに再会する人もいました。

私が驚いて

「ご無沙汰してます。久しぶりですね！」

というと彼女は、

「メルマガでいつも読んでるから、久しぶりな気がしない」

と言ってくれました。

このように、**数ヶ月、数年経ってからお客様になってくれる方もいます。**ですので、できる範囲で気楽に情報提供したり、与え続けていればいいわけです。

たとえば、メールマガジンの場合は、送付先が増えても手間は変わりません。私も最初は文章を書くのが大変でしたが、慣れてしまえば日常業務の一つです。歯磨きのように普通のことになってしまいます。

また、イベントや何かの団体に所属してたまに会う人に、ちょっとした貢献をし続けていれば、徐々に信頼関係を築けます。それが仕事の依頼につながることもあるわけです。

ある研修講師の方は、積極的に地元の経営者が集まる団体の幹事を引き受けていました。そうやって少しずつ経営者の方々との信頼関係を作って、今では仕事の依頼がいっぱいなのだそうです。

なぜ、何より大事なのは「忘れられないこと」なのか

お客様がいなくなる原因の一番は、「忘れられること」、なのだそうです。居酒屋などの店舗型の商売の場合はまさにそうです。あなたも、なんとなく行かなくなったお店が一つや二つはあるのではないでしょうか？　待っているだけでは、いつの間にかお客様がいなくなることもあるのです。

逆に言えば、忘れられない工夫をするだけで売上が失われることを防げます。

では、忘れられない工夫とは何か？　というと、やはり売り手からこまめに連絡をすることです。私が小学生の頃までは、酒屋さんが毎週家に来て、「注文はありませんか？」と玄関で注文を聞いていました。いわゆる「御用聞き」です。これなら、忘れられませんし、確実に注文をもらえます。

今はそんなことをしなくても、ネットのツールがありますので、それで連絡をするこ

とができます。メールやチャットのツールを使って、メッセージを送るわけです。ただそれだけでも、忘れられることを防ぐことができます。

お店に行くとメルマガやチャットのツールの登録をお願いされるのは、あなたに忘れられたくないからです。あなたに連絡して思い出してもらうためなのです。

「取引」をすると魔法は1回で消える

「与えた」時に、すぐに相手から何かを得ようとすることはあまりお勧めしません。「私はこれをやるから、あなたはこれをして」というのは、いわゆる「取引」です。

実は、この関係は1回で終わります。なぜならば、相手には「あなたに対しての良い感情」が残らないからです。取引はお互いが対等であり、同程度の価値が交換されます。そこに感動はありません。ですので、相手とやりとりをするには、そのつど、「取引」をしなければなりません。

一方で、「与える」ことに専念した場合、その感動が相手の心に残ります。

そして、「いつかお返しがしたい」「恩返しをしよう」という気持ちが蓄積されます。この場合、何らかの形で「恩返し」がなされても、相手の心の中には、まだあなたに対する感謝や感動の気持ちは留まっているものなのです。あなたが困った時や、何かのキャンペーンでがんばっている時には、またその人はあなたを応援しようという気になってくれます。**「取引」は1回で終わりますが、「与える」とその気持ちはずっと続くものなのです。**

もちろん、場合によっては「取引」のほうが合理的な場合もありますが、何でも「取引」にする必要はありません。余裕がある場合は「与える」ことに徹するのも悪くありません。

信頼関係を築く2種類の要素とは？

「与える」ことで、お客様との信頼関係が構築されていくわけですが、その信頼関係を築く基礎には二つの要素があります。

一つは「専門性」です。

専門家としての知識や経験を「与えて」もらうことで人は信頼感を感じます。

もう一つは、「親近感」です。

専門性を持っているだけでなく、なんとなくその人のことが好きだなと思う感情です。同じ専門性を持った人であれば、より親近感が湧く人のほうから買いたいと思うものです。

ですので、信頼関係を構築するためには、「専門性」を感じてもらうための施策と、「親近感」を感じてもらうため施策の2種類を織り交ぜて「与える」ことが効果的です。

「与える方法」は無限にある

では、お客様に「与える」には、どのような方法があるでしょうか？

代表的な方法を紹介する前に、お伝えしておきたいことがあります。

それは、「与える方法は無限にある」ということです。（「出会う方法」も無限にありますが、「与える方法」も無限にあります。）

本書にたまたま掲載された方法だけが、唯一の与える方法ではありません。

新しいツールを使って、新しいやり方で、新しい価値が毎年のように生み出されます。人間がクリエイティブに考え続けるかぎり、そのような方法はこれからも無限に開発されていくわけです。

本書は原理原則と、参考になる事例をなるべくたくさん紹介しています。

しかし、「このとおりやれば成功する」というたった一つの方法を提供しているわけではありません。

集客方法は、あなたのビジネスに合うように試行錯誤して洗練させ、あなたにとっての集客の正解は、あなた自身が決めてください。

商品・サービスを提供する

ビジネスにおいて「与える」というと、最もシンプルに考えれば、商品やサービスを無料もしくは安価で提供することを思いつくのではないでしょうか？

お客様にとっては、興味のある商品が安く体験できるのであれば、とてもありがたいことです。売り手にとっても、商品に興味がある人たちに集まってもらえるので、その見極めにも効果的です。

商品やサービスを使った「与え方」にも、さまざまな方法が考えられます。

いくつか紹介していきます。

試供品、サンプル

化粧品やシャンプーなどの試供品はよく見かけると思います。

商品を小分けにできるのであれば、同じように試供品として配布して、試してもらうことができます。

アロマやサプリメントなどもそうですし、整体院で扱っているクリームや、特殊なテープなどもこの方法が使えます。また、試食や試飲もこれに当たります。見込み客向けにイベントを開催して、試してもらうこともできます。

体験会、体験レッスン

サービスを少しだけ体験できる機会を作るのも一つです。

さまざまな教室（外国語、陶芸、楽器、ジム、ヨガ、ダンス、ゴルフ、パソコン、etc.）の多くは、体験レッスンを提供しています。

マンションのモデルルームや自動車の試乗もこれに当たります。

また、コーチングやカウンセリングなどのセッションも、初回は体験セッションを提供すると入りやすいです。整体院なども初回の施術は安く提供していることもあります。

健康器具の場合、イベント会場やスーパーの催事場を使って体験会を開催していることがあります。そうやって無料で試してもらうわけです。

ジュエリーの体験会をしている会社もあります。ふだんつけられないような高級なジュエリーを身につけることができます。

行政が主催して、士業の方々による相談会が開催されることもありますが、これも一種の体験です。無料で経営や法律や手続きの相談ができます。

ホテルや披露宴会場が、内覧会を開催していることもあります。参加したカップル人には、レストランの食事がかなりの割引で食べられるという特典を用意しているホテルもあります。

初回無料

デザイナーの中には、取引先を増やすために、「一度だけ、無料でデザインを作ります」という提案をする人もいます。そこで良い仕事をしたら、次からはしっかりと有料で仕事を依頼してもらえるというわけです。

司会業や研修講師をされている方も、初回だけは無料で仕事をする方もいます。

お試しレンタル

少しの期間だけ試してもらうことで、購入するかどうかを決めてもらうケースもあります。

たとえば、ロボット掃除機などは1ヶ月単位でレンタルできます。気に入ったら購入することができます。

高額な増毛の機器も、効果を実感できるように最初はレンタルで自宅で試せるというサービスがあります。

自宅で使うエステ器具などをホテルに置いておき、そこで試してもらうというサービスもあります。

診断を提供する

体験だけでなく、もう少し深く相談に乗って欲しい場合があります。

そのようなニーズに対応できることを明示的に示すために、「相談」や「診断」という言葉を使うことも考えられます。「○○相談会」「○○診断」という言葉を使うことで、お客様は「自分の状況を客観的に見てもらえる」と考えるはずです。

現状把握のための診断や相談

経営診断、ＷＥＢサイト診断など、独自の診断項目による診断は、大きな価値を感じさせるものです。

健康診断は通常は病院が提供するものですが、ヨガや漢方を提供している人が、独自の項目で体調などを分析してあげることもできます。

また、保険を販売する際に、生涯のキャッシュフローを表にするのも、診断の一種です。

インテリアを購入する前に、コンピューターを使ってコーディネートをしてくれる会社もあります。

どの場合も、解決策と見積もりを同時に提示することが多いのではないでしょうか。それは次のステップである、「検討する」につながります。

レベルチェック

診断の一種ではありますが、もっと簡易なレベルチェックというやり方もあります。いくつかの質問に答えてもらったり、チェック項目に記入してもらい、レベルを測定します。レベルも5段階、7段階、10段階など、あなたのビジネスに応じて設定しておくといいでしょう。

英会話スクールのレベルチェックなどは、受講するコースを決めるうえでも最初に必要になります。

また、化粧品やエステの会社が、お肌のチェックをしてくれることもあります。頭皮のチェックをしてくれる美容院もあります。

大手学習塾が模擬試験を全国で提供していますが、そこで連絡先を入手できますので、塾への勧誘ができるわけです。

タイプ診断

診断には「レベル」ではなく「タイプ」を診断するものもあります。

性格のタイプ分類もよくありますし、カラーコーディネートでは肌のタイプ分けをして、似合う色を提案したりします。

「タイプ」というのは良い悪いや序列ではなく、まさにタイプの違いです。比べられるものではありません。

あなた独自のタイプ分けを提案することで、オリジナリティを打ち出すこともできるでしょう。

情報を与える

商品やサービスを試す前に、それに関する情報を提供することも、「与える」ことの一環です。専門家としての知識や経験はとても喜ばれます。

また、商品やサービスに直接は関係のない情報でも、興味深かったり、感情を鼓舞すれば喜ばれます。

情報の与え方にもさまざまありますので、いくつか紹介します。

メールマガジン、ニュースレター

定期的に電子メールや手紙を使って情報を提供する方法です。

小まめに接点を作り、接触回数を増やすことができるのが利点です。

無料小冊子、書籍

ノウハウをまとめて、小冊子や書籍の形にすると、より情報の価値が高まります。たくさんの情報が網羅されていることで、必要な情報を探しやすくなりますし、深く理解できるようにもなります。

音声や動画

文字情報だけでなく、音声や動画を使って情報を提供することもできます。、お客様にとって最適なメディアであれば、より喜ばれます。

たとえば、料理であれば、文字でレシピや調理方法が書かれてあるより、動画で調理の様子も流したほうが分かりやすいでしょう。

セミナー

高額なサービスの場合は、情報がないと購入しづらいので、セミナーを開催して情報を提供する場合があります。たとえば、留学を提供する会社が、留学経験者の話を聞けるイベントを開催したり、葬祭業の会社が、「失敗しない葬儀の準備」のセミナーを開催したりしています。

子育てグッズの会社が、「子育てセミナー」などを無料で開催することもありましたし、大手の学習塾が無料で「受験勉強のやり方」や「今年の受験の傾向」などのセミナーを開催していることもあります。

ちなみに、本業とまったく関係ないセミナーでもつながりが作れるのであれば問題ありません。たとえば、ある整体師さんは、頼まれて介護施設のお年寄り向けに、電子機器の使い方のセミナーを催していました。

◉「仲良くなるためのツール」が「出会うためのツール」になる

このような情報提供をしていると、発信したものがどんどん消費されてなくなってしまう、と考える人もいらっしゃいます。

しかし、情報発信は消費ではありません。活字にして発信した情報は、さまざまなものに再活用することができます。小冊子にして配布したり、有料で販売することもできます。書籍化することもできるかもしれません。

また、ブログ、情報サイト、ネットのＦＡＱなどにしておくことで、お客様は検索して探しやすくなります。これはつまり、「仲良くなるためのツール」が「出会うためのツール」にもなっていくということです。

商品やサービスに関する情報

では、お客様は、商品やサービスについてどのような情報を知りたいと思っているのでしょうか？

問題の原因

その商品やサービスを購入したいということは、それによって今抱えている問題を解決したいからです。

しかし、多くのお客様はその問題がどうして起こっているか、問題が起こっている原因やメカニズムを理解していません。それが不安を引き起こしますし、あきらめにもつながっていきます。

そこであなたが問題が起こっている原因を伝えて、その問題が解決できるものだということを教えてあげることで、お客様は希望を見出すことができます。

成功事例

商品やサービスを使って、「本当に問題が解決するのか？」「うまくいくのか？」「もしそうであれば、どのように問題を解決したのか？」「どのように成功したのか？」ということを多くの人は聞きたいものです。

自分と同じような境遇の人が問題を解決していることを知れば、勇気にもなりますし、がんばろうという気持ちにもなります。

商品の選び方

たくさんの商品やサービスがある中で、どのように選べばいいのか？　途方に暮れている方もいるでしょう。

ですので、購入の際の基準が分かれば喜ばれます。もちろん、ご自身の商品の良さをアピールする機会にも使えます。

商品やサービスの使い方

商品やサービスの購入を躊躇するのは、「本当に自分に使いこなせるのだろうか？」「自分に合っているのだろうか？」ということが不安だからです。

そこで、商品やサービスをどのように使うのかを詳しく説明したり、既存のお客様の事例を紹介することで、安心してもらうことができます。

たとえば、ジムに通う場合にも、「三日坊主にならないだろうか？」と不安になる人は少なくありません。そういう人のために、定期的に通うためのコツなどを紹介するわけです。

裏技やテクニック

ちょっとした裏技やテクニックは喜ばれます。

簡単に機械をメンテナンスする方法や、手早くお化粧をする方法など、あなたが提供している商品やサービスによって、さまざまあるでしょう。

Q＆A

お客様から質問を募って、それに対して回答することもできます。

この方法であれば、ネタが尽きることがありません。

使えるツール

素材集、テンプレート、チェックシート、タスクリストなど、ちょっとしたことに使えるツールは重宝がられます。

業界動向

業界動向や法改正など、お客様の暮らしやビジネスに関係する情報は、いち早く伝えてあげるのがいいでしょう。

統計やアンケート調査

お客様からアンケートをとって、その結果をまとめたものも一つの情報です。お客様がどんなことに悩んでいるのか？　統計的に見ることができれば納得感も増します。

参考図書や参考になる映画

参考になる書籍や映画は想像以上に喜ばれます。

私の場合は、ビジネスで成功する考え方を学べる映画、などをクライアントさんに紹介するととても好評でした。

売り手の自己開示

商品やサービスに少しずつ興味を持ってくれると、次に興味が向くのが売り手に対してです。

「どんな会社なんだろう」「どんな人がやっているのだろう」と、徐々に売り手に関心が移行してきます。そして、売り手に共感できるかどうかで、購入する、しないを判断することも少なくありません。

そこで、このようなことを発信していけば、あなたの人となりを理解してもらえるでしょう。

日常の小さな出来事

ちょっとした体験談や、そこから学んだことなどを書いておけば、あなたの人柄や思いなどが自然に伝わっていきます。

あなたの過去の失敗談

最も共感されるのが失敗談や苦しかった時の物語です。

そういう過去を乗り越えて今がある、ということを知ってもらうことで、お客様との距離がグッと縮まります。

成功体験

失敗談だけでなく、うまくいった時の話も伝えることで、あなたの専門性や信頼性を示すことができます。

どのように工夫して、どのように困難を乗り越えて来たのかを語るといいと思います。

経営理念

どうしてこのビジネスを始めたのか？　どんなビジョンを持っているのか？

一度ではお客様の心に浸透していきませんので、何度も何度も伝えることをお勧めします。

商品やサービスに関連しない一般的な情報

商品やサービスの専門的な話題ばかりだと疲れてしまうこともあります。ですので、息抜きに一般的な情報を提供することも効果的です。

あなたの興味に合っていて、無理なく発信できる情報を取り扱えばいいと思います。

お得な情報

美味しいお店が空いている時間帯、人気商品を安く購入する方法、今だけの割引情報など、喜ばれる情報はいろいろあります。

最新情報

最新のトピックには万人が興味を持ちます。

新商品や新スポットをいち早く体験して、その報告をするなどすれば、興味を持って見てもらえるでしょう。

最新スポット、話題の商品のレビュー、最近読んだ本など、さまざまなトピックが考えられます。

面白い話

くすっと笑える話も、日々の生活に清涼感を与えてくれます。

最近のあなたのちょっとした失敗談などもいいかもしれません。

コツやテクニック

ちょっとした日常生活や職場でのコツやテクニックも重宝されます。
もちろん、客層に合わせて提供してあげてください。

元ネタ

朝礼のネタ、営業の際の話題などに使えるネタを提供するのも喜ばれます。
ネタ探しに時間をとられて苦労している方も多いものです。

名言

元気や勇気を与えてくれる名言も喜ばれます。
古今東西の名言は探せばいくらでもありますので、ネタが尽きることはないでしょう。

◉何を発信すればいいか、分からない場合

さまざまな切り口を紹介しましたが、「そうはいっても何を書けばいいか分からない」という方もいるでしょう。

なぜ、「何を書けばいいかわからない」となってしまうかというと、それは、あらたまってゼロから文章を書こうとするからです。まったく何もないところから文章を生み出そうとすると誰でも止まってしまいます。

発信する内容は、ゼロから生み出すものではありません。ふだん、お客様と話していることが、文章になっていくのです。

たとえば、日々、お客様からさまざまな質問をされて回答していると思います。**質問されるということは、多くのお客様が知りたいことですので、その情報には価値があるわけです。**それを文章にして伝えればいいだけなのです。

ですので、今までお客様とどんな会話をしてきたかを思い出すところから始めてみてはいかがでしょうか。

商品やサービスとは関係ないプレゼント

プレゼントを贈ることで見込み客との接点を増やし、信頼関係を深めるのも一つの方法です。これにもさまざまなやり方があります。

お中元、お歳暮

お世話になっているお客様や、これから大口の契約をしてくれる可能性のある見込み客には、お中元やお歳暮を贈ってもいいかもしれません。

年賀状、暑中見舞い、クリスマスカード

年に1度ですが、お客様に思い出してもらうにはいい機会かもしれません。

日本では年賀状を送る人は多いですが、クリスマスカードを送る習慣はあまり定着していません。ですので、クリスマスカードを送ったほうがお客様に与える印象は強くなるでしょう。

ノベルティ

これも古くからある方法です。商品やサービスとはあまり関係がないかもしれませんが、手元に置いてずっと使ってもらうことで、思い出してもらえるという効果があります。

ノベルティにもさまざまなものがあります。カレンダー、クリアファイル、ボールペン、鏡、マグカップなど。専門の会社に問い合わせると、見積もりを出してくれるでしょう。

人との出会いを提供する

人を紹介する

人を紹介することは、とても喜ばれます。

経営者を相手にしている保険業やコンサルタントなどが、利害が合いそうな経営者同士を紹介していることがあります。また、飲食店のオーナーさんが、店に来る独身同士を紹介するケースもあります。

ふだんからいろんな人を紹介していると、「こんなことができる人はいない?」と聞かれるようになります。そうやって、**いろんな人のニーズをたくさん集めていると、どんどんマッチングができるようになっていきます。**紹介すればするほど、さらに人を紹介できるようになっていきます。

場や仲間を提供する

一人ひとりをつなげるだけでなく、人が集まって、楽しく仲間とつながれる場を提供することも考えられるでしょう。

これは、既存客だけのコミュニティにしてもいいですし、見込み客が参加できるようにしてもいいでしょう。参加費に差をつけるとか、参加できるイベントの種類や回数に差をつけてもいいかもしれません。

もちろんこれは、ステップ1の「出会う」ために使える場になりますので、ワイン会、流行りの本の読書会、マラソンの会、グルメの会などさまざまな会が考えられます。

また、あなたの商品やサービスに関係する勉強会などもいいでしょう。

活躍の機会を提供する

場を作るだけでなく、そこで活躍してもらえば、よりお客様の満足度が高まります。たとえばイベントであれば、運営スタッフとして手伝ってくれた人のほうが、ただ参加する人よりも真剣さが違いますし、満足度も高まります。勉強会などでは、講師をお願いしてもいいでしょう。

団体のお世話をする

地域や業界にはさまざまな団体があります。つながった人たちがそういった団体に所属しているのであれば、自分もそこに入ってお世話をすることも一つの貢献です。さまざまな事務作業、設営、幹事などを手伝う。地域のお祭りを手伝ったり、ごみ拾いボランティアスタッフになって、いろんな人とつながっている人もいます。

困りごとを解決するお手伝い

自分の専門分野に関係なく、とにかく相手の困りごとを聞いて、それを解決するというアプローチもあります。これは単価の高い商品を扱っていて、一人ひとりにじっくり時間を使える場合であればフィットするでしょう。

ビジネスでもプライベートでも、とにかく困りごとを聞いて、役に立ちそうな本を探して来たり、人を紹介したりするわけです。

ある方は、見込み客のために、その人のお孫さんが所属する野球チームの監督もしたそうです。

相手を喜ばせることにお金はかからない

モノやサービスや情報を提供しなくても、相手が「嬉しい」「愛されている」と感じれば、それは「与えた」ことになります。繰り返しになりますが、相手の感情が良くなれば、すべて「与えた」ことになるのです。

相手の感情を良くする方法は、考えればいくらでも思いつくのではないでしょうか。

ここでも、いくつか紹介します。

感謝を伝える

「いつもありがとうございます」「読んでくれてありがとうございます」「来てくれてありがとうございます」「先日は助かりました」と、さまざまな場面で感謝を伝えることはできます。そして、感謝を伝えることは、想像以上に大きな効果がありますので、日頃から心がけてください。

愛情や尊敬の気持ちを伝える

「応援してます」「大好きですよ」「大切に思ってますよ」「尊敬しています」と、シンプルに、言葉で伝えると効果的です。

お祝いの言葉を伝える

誕生日や結婚記念日など、相手の記念日を祝うことも喜ばれます。また、相手に良いことがあったとほかの人から聞いた時も、すぐさまお祝いのメッセージを送るなどしてはいかがでしょうか？

相手に興味を持って質問する

自分に興味を持ってくれるということは、人としては最高の喜びではないでしょうか？　興味を持って、いろいろなことを聞いてくれると、自分の専門分野であれば、得意になって話してしまうものです。

たとえば経営者が相手であれば、自分の苦労話や成功体験などを話したくても話す相手がなかなかいないものです。そこであなたが興味を持って聞けば、喜んで経験談を話してくれるでしょうし、距離が一気に縮まることでしょう。

これは、オンラインでも簡単にできます。たとえば、相手のソーシャルメディアでの投稿を読んで、気になることを質問してみるだけで、相手は「興味を持ってもらえた」と、とても喜んでくれます。一度でもそうやってやり取りをすれば、あなたに対する親近感を持ってくれます。

こちらからは何も情報を提供する必要はありません。ただ教わるだけでいいのです。

褒める、承認する

相手の素晴らしい部分を褒めるだけでものすごく喜ばれます。

仕事や生活の中で褒められるという経験が少ない人が多いので、これをすればあなたはすぐに特別な存在になれます。

実際に会った時にも「いいですね」「すごいですね」「がんばってますね」と、承認を心がければいいですし、ソーシャルメディアでつながっているのであれば、承認のコメントやメッセージを送ることは効果的でしょう。

励ます

落ち込んだり不安がっている人がいれば、励ましてあげるというのも大きな貢献です。もし時間があれば話を聞いてあげましょう。オンラインだけでの関係であれば、メッセージやコメントで励ましの言葉を送ってあげればいいでしょう。

第4章のまとめ

・信頼関係は会った回数に比例する
・直接会えなくても、さまざまな手段でコンタクトする
・お客様の感情が良くなれば、それは「与えた」ことになる
・「買いたい」と思うまで「与え」続ける
・信頼関係には「専門性」と「親近感」がある
・「与える」方法は無限にある

第5章　売り込まないセールス

▼検討する

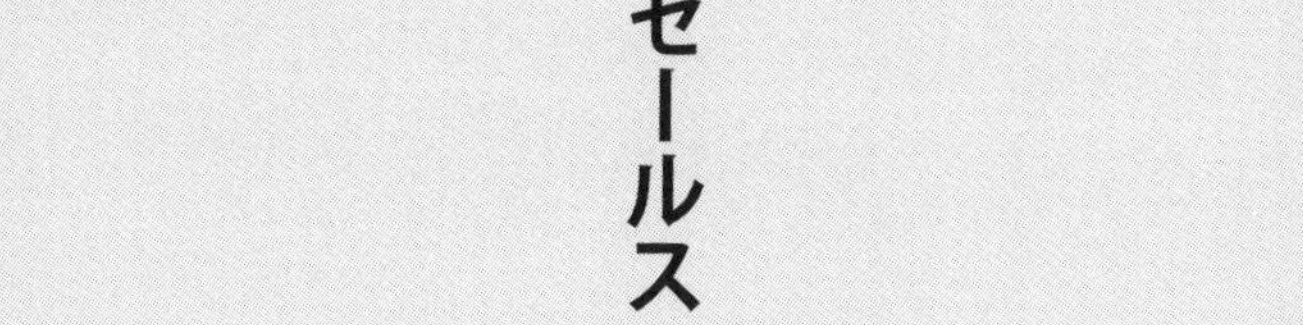

ステップ2までで信頼関係が構築できた後、商品購入の検討までしてくれるお客様が出てきます。ステップ3はお客様からすれば「検討する」ステップですが、売り手からすると、いわゆる「セールス」です。

このセールスの時に、どのようなことに気をつければいいか？　ここでは、セールス時に欠かせないいくつかのポイントを紹介します。

新商品を必ず買ってくれるファンは何人いるか？

新商品の発売日にお客様が行列を作って待っていてくれる、なんてことが実現すれば最高ですよね。

カリスマ経営者が発表する新製品、人気ゲームシリーズの最新作、人気テーマパークにできた新ホテル、アイドルグループの新曲など、作れば売れるという状態になっているのがベストです。

ここまでくれば、セールスも何も必要ありません。ただ、商品を出すだけで、何も聞

かずに買ってくれる状態です。

これがファンというものです。

ここまで極端でなくても、あなたが新商品や新サービスを打ち出したら、いつでも買ってくれるお客様が必ずいるはずです。

信頼関係があればセールスは必要ない

大事なのは、そういうお客様の数を1人でも多く増やすことです。

そのために大事なのは、ステップ2における「与える」という活動です。

「集客の4ステップ」を意識していれば、すでにステップ2までで、強い信頼関係が構築されているはずです。相手は買う気があって商談に来てくれているはずです。ものすごい説得や交渉が必要なわけではありません。「買いたい」気持ちはあるけど、「最後の判断をしたい」と思って来てくれているのです。

ですので、**セールスの段階で苦労するのであれば、セールスを試行錯誤するより先に、「与える」という段階を見直すことが先決かもしれません。**

◉「他人に動かされたい」と思う人はいるか？

セールスで重要なのは、人間は「他人に動かされたくない」と思っているということです。

たとえば、学生の頃、「そろそろ勉強しようかな」と思っている時に、親から「勉強しなさい」と言われて、やる気がなくなる、という経験をしたことがある人もいると思います。

それと同じで、「買おうかな」と思っている時に、営業マンから強く「買ってください」「買いましょう」と言われると、やはり反発してしまいます。せっかく買う気になったのに買わないという人もいます。

人はあくまでも、自分の意思で「買う」と決めて買いたい、と思っています。誰かに「買わされた」とは思いたくないのです。

セールスの仕事の8割は「聞く」こと

このステップだけではありませんが、やはり大切なのは「聞くこと」です。

「聞く」ことの重要性は多くの人が知っていると思いますが、ではなぜ、「聞くこと」が大切なのでしょうか？　ただ単に、「ふんふん」と聞いていればいいのでしょうか？

「聞く」ことの目的は、お客様に「この人は自分のことを分かってくれている」と感じてもらうことです。つまり、「共感してもらっている」と感じてもらうことです。

ですので、ただ相手の言っていることを聞くだけではなく、相手の状況、描いているイメージ、気持ちなどを理解しようとしながら耳を傾けることが大切です。できるだけ相手に共感しようと心がけてください。そうすることでようやく相手は「この人は分かってくれる」という気持ちになり、購入を決めます。

逆に言えば、「この人はぜんぜん分かってくれてない」という人からは、商品やサービスを買う気にはなりません。

◉共感するだけで「与えて」いる理由

実際のところ、相手は自分の話を聞いてもらい、共感してもらうだけでものすごく価値を感じています。人から共感されるだけで、認められ、癒された気持ちになるからです。

また、自分の気持ちを言葉にできない人も多くいらっしゃいます。**その人たちの思いを言語化してあげるだけで、そして問題を整理してあげるだけで、非常に喜ばれるはずです。**「そうそう、それが言いたかった！」と声を出して喜んでくれる人も出てきます。

ですので、実は、このステップ3の段階でも、あなたは先に相手に「与える」ことができるのです。

お客様の「理想の未来」を聞き出す

お客様に聞くことの中で非常に大切なものが、お客様にとっての「理想の未来」です。

お客様は商品やサービスが欲しいわけではありません。その商品やサービスを通じて得られる未来が欲しいわけです。

たとえば、美容院のお客様は、もしかしたら何か特別な目的があるかもしれません。週末にデートの予定があるとか、次の日にプレゼンの予定があるなどです。

もし、スタイリストさんが、それに気づいて、「どんな服装で行くのか?」「どんな場所なのか?」「相手にどんな印象を与えたいのか?」などをしっかり聞いてあげたら、お客様は「この人は自分の力になろうとしている」と感じてくれることでしょう。

あなたの商品やサービスを検討しに来る際にも、お客様は何らかの目的を持って来ているはずです。表面的にどんな商品が欲しいのかを聞くだけでなく、あなたの商品やサービスによって、どんな未来を得たいのかをうまく聞き出しましょう。

また、場合によっては、アンケートなどの形でお客様に書いてもらうことも効果的かもしれません。

◉「**辛いですよね……**」

理想の未来を共有するだけでなく、今置かれている状況の中で、どんなに苦しくて辛い気持ちなのかも共有しておくことも重要でしょう。

お客様にとっても、そういう気持ちを分かってくれる人というのは貴重な存在ですし、聞いてくれただけで心が軽くなります。

気持ちが分かれば分かるほど売れる

お客様のことを聞いて共感する目的は、お客様に信頼してもらうためだけではありません。**売り手自身が「この人の役に立ちたい」「この人の役に立てそう」という気持ちになることも大切な目的です。**

相手がどんな状況にいて、どんな立場で、何に悩み、どんな気持ちで、どう苦しんでいるのか？　ということを理解できればできるほど、セールスは簡単です。

聞けば聞くほど、理解すればするほど、共感すればするほど、「この人のために何かしてあげたい」という気持ちになれます。

また、相手の悩みに共感できていれば、変に売り込もうという気にもなりません。誠心誠意、相手のためにできることをしようという気持ちになります。**それは「売ろう」ではなく、「手助けしよう」「サポートしよう」という気持ちなのです。**

共感すればするほどその気持ちは100パーセントに近づいていきます。そして、その気持ちは、自然と相手に伝わります。

ですので、どれだけじっくりヒアリングするかで、かなり成約率が変わってくるのです。

「商品」ではない！「解決策」を提供する

そうやって相手の話を聞いていると、専門分野のことであれば、**「この商品でこの人の悩みは解消する」「この方法がいいのではないか？」**ということを思いつくのではないでしょうか。当然、その方法を相手に教えてあげたくなると思います。**「売る」とい**

うより、目の前の人の悩みの「解決策を提示する」という感覚です。

解決策があるのに教えないということでは、逆に罪悪感を感じてしまう人もいるかもしれません。ですので、「ぜひ、この人に伝えてあげよう」となるわけです。

自分の売上や利益のためでなく、心から相手の問題を解決してあげたいという気持ちで提案できるので、素直に提示することができます。

「確認」をすれば売り込みにはならない

しかし、商品やサービスの説明を急に始めると、お客様に嫌がられることもあります。ですので、**大事なことは、必ずお客様に毎回、次の段階に進むかどうかの確認をすることです。**

「その問題は、たぶんこれで解決すると思うんですが、興味ありますか?」「ちょっと解決策を思いついたんですか、話していいですか?」という感じで、話す前に確認をしてみましょう。そして、さらに話を進める時には、「簡単にお話ししましたが、もう少し詳しく聞かれますか？」などと確認します。

本当に興味があるなら、「はい、聞かせてください」「ぜひ、お願いします」という答えになりますし、もし、それほど興味がなければ、「いえ、結構です」という反応が返ってくると思います。


この確認をすることで、興味がない人の時間を奪うこともなくなりますし、自分の時間も無駄にせずにすみます。それに、相手が「聞きたい」と言うのですから、躊躇せず情報提供をすることができます。

◉「買ってください」とは言わずに、何をすればいい？

セールスをするのが嫌な人の多くは、「買ってください」と言うのが苦だと言います。

しかし、これは勘違いで、**売れている人でも「買ってください」とは言っていません。**

「買ってください」と頼む必要もないですし、「買ってください」と言えば逆に買ってもらえなくなります。

セールスでお客様に言う言葉は「買いますか？」です。**「買ってください」と頼み込**

むのではなく、「買いますか?」と聞くだけです。セールスの最後も「意思確認」なのです。

最後に買うかどうかを決めるのはお客様です。その意思を確認するだけです。

買わない理由を一つずつ解消する

お客様のニーズに合っているにもかかわらず、買うという結論に達しないこともあります。この場合、何らかの「買わない理由」「買えない理由」がある場合がほとんどです。

ですので、そういう時には、「どういうことが気になりますか?」「何があれば安心して買えますか?」というふうに聞いてみてはどうでしょう。

お客様も、なんとなく不安で購入をためらっているので、質問することでそれを言語化するお手伝いをしましょう。そして、買わない理由が分かったら、それを解消するような提案をしてあげてください。

たとえば、最新の電子機器が欲しいと思っていても、高齢者にとっては「自分に使えるだろうか？」という不安があります。そういう場合は、使い方のサポートをしてあげれば、安心して買うことができます。

ほかにも、**返金保証、成果保証、無料の修理、分割払い**など、さまざまな提案をプラスすることで、買わない理由を解消できます。

「買う理由」を提供してあげる

「買う理由」を提供することも、重要な仕事です。

「感情で決めて理屈で正当化する」という言葉があります。これは、人間が商品を購入する時のプロセスを表現したものです。

たとえば、美味しそうなケーキを買う時のことを考えます。店頭に並んでいるケーキを見て、その瞬間に感情では「食べたい」という気持ちになっています。しかし、「太りそう」「高い」などの気持ちが湧いてきて、買うかどうか迷ってしまいます。その時に、店頭の貼り紙に**「がんばったご褒美に」**と書いてあるのを見て、「今月はがんばったし、今日ぐらいいいかな」「明日、ご飯を少なめにすればいいか」などと考えて、理屈で買うことを正当化します。そして、納得できたらケーキを買うわけです。

このようなプロセスで購入を決断しますので、「欲しい」「買いたい」という感情だけではなく、その行為を正当化する理由が必要なのです。

ほかの例で言えば、高級車を売る時ならば、お客様に「節税になります」「ご家族の安全のために」と言うこともできます。また、海外旅行ツアー商品の場合なら、「リフレッシュしたらもっと仕事の生産性が高まります」と言えるかもしれません。

セールスは一対一の交渉で相手のニーズにマッチさせる

セールスの段階では、交渉は一対一になります。お客様のニーズごとに条件をすり合わせるのですが、それは標準のサービス内容や定価があったとしてもです。

この時、「お客様によって、サービス内容を変えていいのか?」「この人だけ割引をするのは不公平ではないか?」などの質問もよくあります。

しかし、当たり前のことですが、商取引は、一人ひとりのお客様と行うものです。**そして、その条件は、取引の相手ごとに変わって当然です。**

これは、お客様ごとに提案と見積もりを出すような業種では一般的なことです。

そして、定価を提示しているような業種においても、考え方は同じです。同じ価格の商品やサービスであっても、お客様のニーズによって、少し条件を変えるということはよくあります。

「おまけをつける」「サポート内容を変更する」「理由によっては値引きする」などの対応は、臨機応変に行ってかまいません。

理由のない値引きはお勧めしませんが、理由をご自身でしっかり説明できれば問題はないでしょう。

また、商取引の条件を、ほかのお客様に知らせる必要もありません。

買うかどうか？最後はフィーリング

実際のところ、お客様が購入するかしないかを決めるのは、「売り手の人柄」であったりします。これはみなさんも同じではないでしょうか？

私の友人は鞄を買いに行った時に、対応してくれた店員さんの対応が好きではなかったので、その時は買うのをやめました。しかし、その鞄は欲しかったので、別の日に別のお店に買いに行ったそうです。そこまでしなくてもいいはずなのにです。ましてや、何度もやり取りが必要なサービスであれば、やはり気分よく付き合える人でないと嫌だと思います。

どんなに商品が良さそうでも、「この人から買うのはちょっと」と、なってしまうのです。

ですので、商品やサービスだけでなく、人格や人柄というものをしっかりと磨くということが、必ず必要になってきます。

また、最後はフィーリングです。**つまり、買い手と売り手の相性の問題です。**

これは良い悪いの問題ではなく、合うかどうかの問題です。**つまり、ものすごく努力しても、なぜか売れない相手には売れないということです。**

どうしても売れない相手が必ず何割かは存在しますので、あまり落ち込む必要はありません。相性の問題ですので、切り替えて次のお客様に意識を移しましょう。

あなたにとっての「集客の4ステップ」は？

ここまでで、「集客の4ステップ」の「出会う」「仲良くなる」「検討する」の三つのステップを詳しく解説しました。このプロセスが完成すれば、お客様はスムーズに最後の「買う」というステップに進んでくれます。

ここでぜひ、時間をとって、あなたの「集客の4ステップ」の全体像を整理してみてください。次のページに考えるヒントとなる質問も用意しておきました。

③検討する

・お客様から何をヒアリングするか？
・どんな情報を提供して、
　お客様の検討を手伝うか？

④買う

・お客様にとっての最高の未来は？
・それにはいくらの価値があるか？

①出会う

- どこで出会いを作れるか？
- どんな連絡先をもらうか？
- 何を与えるか？

②仲良くなる

- 何をどのように与え続けるか？
- コンタクトの頻度を高めるには？

第5章のまとめ

- お客様を動かそうとしない
- 「買いたい」気持ちを後押しする
- 「共感してもらっている」と思ってもらえるまで聞く
- 「理想の未来」と「辛い気持ち」を理解し共感する
- 相手のために「解決策」を提案する
- 次の段階に進む時は必ず確認をする
- 最後は「買うかどうか」を確認する。お願いするわけではない
- お客様は買いたい。だから、買わない理由を取り除いてあげよう
- 「買う理由」も提供してあげよう
- 最後はお互いの相性。無理に売らなくていい

第6章　集客を楽しむ

売上＝社長のメンタル

ここまでで「集客の4ステップ」を一つずつ解説していきました。しかし、やり方を知ればそれでいい、というわけではありません。

何度もご説明したとおり、売上は出会いの数で決まります。結局はどれだけ行動したかに売上が比例するということです。

ですので、行動量を増やせばいいというわけなのですが、そう簡単に行動量を増やすことはできません。やり方を学んで誰でも実践できるのであればいいのですが、現実はそう甘くありません。

では、何がネックになるのでしょうか？

実は社長のメンタルの問題です。

これは、お一人でビジネスをされている方であれば心当たりがあるのではないでしょうか？　**何かの原因でやる気が落ち込んでいる時は売上が下がり、やる気がある時は売上が上がるという経験を多くの方がされていると思います。**

大きな会社でもリーダーが変われば業績は大きく変わります。小さな会社やひとり会社の場合は、まさに社長のメンタルがそのまま売上を左右します。ですので、大事なのはどれだけ社長のメンタルを良い状態に保つかということです。

やる気はあるのに、なぜ、行動が止まるのか？

しかし、やる気があるのに、それでもなぜか行動ができないことがあります。やろうと思っていたこともずるずると後回ししてしまい、何ヶ月も経ってしまった、というような状況は、誰でも経験があるはずです。

では、なぜ、**「やればいいことは分かっていても実行に移せない」「なぜか躊躇してしまう」**というメンタルの状態に陥ってしまうのでしょうか？

その理由はいわゆる**「メンタルブロック」**です。つまり心理的な抵抗です。

ある行動に対してメンタルブロックがあると、「やったほうがいいけど、ちょっとなあ」「やろうと思うのに、なぜかできない」という気持ちになって、その行動を躊躇してしまうのです。

どの行動に対してどういうメンタルブロックがあるのかは、それぞれの人によって違います。ですので、自分でどのようなメンタルブロックを持っているのかということに気づいて、一つひとつ取り除く必要があります。

マーケティングの「8大メンタルブロック」

マーケティングやセールスのメンタルブロックには、さまざまなものがありますが、代表的なメンタルブロックは八つに分類できます。

私はこれを「**8大メンタルブロック**」と呼んでいます。

❶欠乏感
❷完璧主義
❸他人の評価
❹確実性

❺失敗への恐怖
❻無価値観
❼短期的
❽楽したい気持ち

以下、一つずつ、詳しく解説していきましょう。

❶欠乏感

これは、必要なものが足りていないという感覚です。

もっと具体的にいえば、「お金が足りない」「売上が足りない」という気持ちです。

この感覚を持っていると、「仕事をしているのは、足りないお金を得るためだ」という意識になります。

その意識が過度になると**「自分が仕事をしているのがお金のため」「目の前の相手からお金を奪おうとしている」「自分は相手から奪うためにビジネスをしている」**と考えるようにもなります。

それは心の中に強い罪悪感を生み出し、行動をストップさせてしまいます。

❷完璧主義

人はさまざまな面で完璧主義に陥ります。

「商品をもっと改善したい」「チラシがいまいち」「WEBサイトの記載が不十分」など、さまざまなことが気になってしまって、「もっと良くなってから」と行動を後回しにして、完璧になるまでスタートできないのです。

しかし、完璧というものはこの世には存在しません。ですので、いつまでも動けないということになってしまうのです。

❸他人の評価

「他人からどう思われるだろうか」と、過剰に気にしてしまって動けなくなる、という人も多くいらっしゃいます。

「批判されたらどうしよう」「間違いを指摘されたらどうしよう」「バカにされたらどうしよう」と、とにかく周りの目ばかり気にして、行動のスピードがどんどん遅くなってしまいます。

意識が「成果を上げる」ことではなく、「批判されないこと」に向いてしまっているので、予防線を張ったり、論理で武装をしたりすることに時間を取られてしまうのです。

❹確実性

成功までの道のりが分かっていないと動けないという時は、確実性を求めすぎているのかもしれません。

「これで正しいのか？」「これで合っているのだろうか？」と、ずっと正解を探し続けてしまい、時間を消費していきます。

「確実に成功する」と分かってからスタートしようと思っていると、ほとんどの場合はスタートすることができません。ビジネスはその時の状況に左右されますので、確実ということはあり得ないからです。

❺失敗への恐怖

失敗を恐れる気持ちも行動を妨げます。

多くの人はまったく失敗することなく、自分の望む結果を得たいと思っています。そもそも失敗の経験も少ないし、失敗への免疫もできていません。

そうすると、失敗をイメージした時に、**「売れなかったらどうしよう」「赤字になった**

らどうしよう」と、ものすごく大きな恐怖心が湧いてきて行動がストップしてしまうのです。

❻無価値観

これは「自分になんて価値がない」という気持ちです。

「自分の商品なんてたいしたことない」「ほかの会社と比べて価値が低い」など、自分の商品やサービス、そして自分自身に自信が持てないので、マーケティングやセールスを躊躇してしまうというわけです。

「もっとちゃんとしてから」「もっと腕を磨かなければ」という思考になって、売ることがどんどん後回しになってしまいます。

❼短期的

結果の出ない多くの人は「早く成功したい」と思っています。

このような短期的な視点で行動していると、やはり行動がストップします。なぜならば、ビジネスの多くは短期的には結果が出ないものだからです。

短期的な結果を求めていると、結果が出ないとすぐに嫌になってあきらめてしまいます。そして、目新しい方法に飛びついて、またうまくいかないと途中で放り出すということを繰り返してしまうのです。

❽楽したい気持ち

「楽して稼ぎたい」というのも行動を止める大きな原因です。

この意識では、お客様に対して価値を提供するという気持ちが持てません。少しでも面倒なことがあると、途端に嫌になってしまいます。そして、**「もっと簡単な方法はないのか？」**と、別の方法を延々と探し続けることになってしまいます。

いかがでしたか？　思い当たることはあったでしょうか？

何か躊躇してしまうことがあれば、ぜひ、これらの八つのメンタルブロックがないかどうか、ぜひ、チェックしてみてください。

☑【ワーク！】
「あなたの行動を止める」
8大メンタルブロックがないかセルフチェックしてみよう！

□「今月の売上が足りない」「稼がなければ」という気持ちが強く湧いてくる
□「まだ完璧じゃない。もっと改善しなければ」と思ってしまう
□他人の評価が気になる
□「これが正しいのか？」「必ず結果が出るだろうか？」と不安になる
□「失敗したくない」という気持ちが強い
□「自分の商品に価値があるだろうか？」「喜んでもらえるか不安だ」と感じる
□「早く結果が欲しい」と焦ってしまう
□「もっと楽な方法はないのか」と、すぐに嫌になる

メンタルブロックは自分で気づけない

この8大メンタルブロックを読んでいただくと、ご自身に当てはまりそうなものがいくつかあったのではないかと思います。このように指摘されて初めて自分のメンタルブロックに気づくことができます。

しかし、普通にビジネスをしていると、自分のメンタルブロックに気づけません。ですので、なぜか「やればいいと分かっているのに、なぜか動けない」「やる気がしない」ということになってしまうのです。

実際、集客のやり方をお伝えするだけで成果を出す方は多くありません。割合でいえば、10パーセントぐらいではないでしょうか。90パーセントの方は、「**ちょっと忙しくて**」「**ほかにいい方法はありませんか?**」「**なんかやる気がしないんですよね**」という反応をして、最初は止まったままです。すぐに困ることではないので後回しになるし、本人もそれほど問題だと思いません。

しかし、それでは成果を出してもらえませんので、実は、ここからが私の仕事の本番です。つまり、**その方の話をお聞きしながら、メンタルブロックを特定して取り除くのが、私の仕事の大きな部分を占めています。**

メンタルブロックの原因は「脳内辞書®」

ではなぜ、メンタルブロックを持ってしまうのかというと、それは人間の物事に対する捉え方、つまり意味づけに原因があります。

たとえば、「批判される人はダメな人」という意味づけを持っていると、批判されないようにすることを優先してしまいます。一方で、「結果を出す人は批判されるもの」という意味づけを持っていれば、批判を気にせず行動できます。

両者は、

「批判＝避けるべきもの」

「批判＝成功の証」

というふうに、まったく言葉の意味づけが違います。つまり、物事の捉え方、意味づけの辞書は人によって異なるということです。

また、本書で何度もお伝えしていますが、集客ができる人は、「集客＝与えるプロセス」という意味づけを脳内辞書の中に持っています。

しかし、「集客＝苦しいもの」「集客＝相手から奪うためにやること」「集客＝嫌われること」と思い込んでいると行動が妨げられてしまいます。

ほかにも、次のようにさまざまな意味づけの違いがあります。

「無料体験レッスン＝買ってもらえないと時間の無駄」
「無料体験レッスン＝良さを伝える機会をくれるだけでありがたい」

「無料の情報提供＝タダで教えるなんてもったいない」
「無料の情報提供＝社会貢献」

「ソーシャルメディア＝人間関係が面倒」

「ソーシャルメディア＝気軽に人と出会える」

「ポスティング＝体が疲れること」

「ポスティング＝無料で着実に告知できる。運動にもなる」

「ダイレクトメール＝書くのが大変」

「ダイレクトメール＝必要な人に情報を提供できる」

行動できる人は行動できるような脳内辞書を持ち、行動できない人は行動できないような脳内辞書を持っているわけです。

「脳内辞書」をアップデートして集客を楽しむ

では、うまくいっている人の脳内辞書に書き換え、メンタルブロックを外していくにはどうすればいいのでしょうか？

根本的には、「集客」や「ビジネス」についての意味づけを書き換えていく必要があります。

ここではいくつか、書き換えの方法を紹介していきます。

初心を思い出す

ビジネスを始めた時の想いを、ぜひ思い出してみてください。

そのビジネスを始めた動機は、「自分がそれによって助けられたから」ということを話す方は少なくありません。

たとえば、幼い頃、病気から救ってくれたから自分も医者になりたい、といった話を聞いたことがあるのではないでしょうか。

私も今の仕事をしているのは、自分が教わったことで人生が変わったからです。それを自分だけのものにせず、たくさんの人に伝えていきたいというのが動機です。

ビジネスではいろいろな困難がありましたが、たくさんの人に助けてもらいました。集客についても、いろんなことを学んでピンチを乗り越えてきました。ですので、自分が得た知識や経験を、もっと多くの人にお伝えしていこうと思っています。

それを思い出すと、儲からなくても時間がかかっても、「集客で困っている人たちの

ために がんばろう」と思い、行動力が増してきます。

与えていることに気づき、与えることを楽しむ

ビジネスは、自分のためにやっていると苦しくなります。「一発当てて、あとは楽して悠々自適に暮らそう」「自分のお金のために、目の前の人に買うように説得しよう」と考えると、罪悪感で動けなくなる人がほとんどです。

繰り返しになりますが、集客とは「与えるプロセス」です。集客のすべてのステップにおいて、あなたはたくさんの人たちに「与える」ことができます。

ぜひ、あなたがどんなことを「与えて」きたか、振り返ってみてください。あなたは誰かを、必ず幸せにしているはずです。

喜んでくれたお客様の声を集める

そして、お客様に喜んでもらったら、ぜひ、その声を集めてください。

直接ヒアリングしてもいいですし、書いてもらってもいいでしょう。やり方はさまざまです。

私のところにも感謝のメールがお客様から来ることがありますが、しっかり保存して

います。メールを読み返すと元気になり、「がんばって仕事をしよう」という気になります。

うまくいっている人から「考え方」を学ぶ

躊躇せずに、アクティブに集客の活動をしている人から、ぜひ学んでみてください。**集客の方法を学ぶことも大事ですが、それと同時にその人から「考え方」も学んでいただきたいのです。**

つまりそれは、うまくいっている人の脳内辞書を自分にインストールする作業です。「自分なら躊躇する場面で、その人はどうして行動し続けることができるのか？」観察したり質問したりして、ぜひ、その人の脳内辞書を解析してみてください。

売れなくても あなたには価値がある

経営者に多いのは、「売上の下がった自分には価値がない」という思いです。

このように売上と自分の価値をリンクして考えている方は、たくさんいらっしゃいます。そして、たくさんの人が苦しんでいます。

しかし、あなたの人間としての価値は、売上の額とは関係ありません。

そして、いくらあなたの売上が少なくても、あなたを慕ってくれる人、尊敬している人、愛してくれる人はいます。

赤字になっても、倒産させても、あなたはあなたです。

あなたは誰かにとって大切な人です。

◉社会の中での役割を果たす

ビジネスは売上拡大が目的ではありません。

あなたのビジネスは、社会の中で何らかの役割を果たしているはずです。その役割を果たすことがあなたのビジネスの目的です。

カウンセラーによって自殺率が減っているかもしれません。飲食店がある家族の笑顔を作っているかもしれません。ＩＴコンサルタントによって便利な社会のしくみが保たれているかもしれません。

あなたのビジネスによって、助けられている人がたくさんいます。そして、あなたのビジネスでなければ助けられない人もたくさんいるのです。

◉「みんなが幸せ」を目指す

ですので、ビジネスにおいては、「みんなが幸せ」を目指すことを忘れないでください。

あなたがビジネスを通じて役割を果たすことで、どんな未来が待っているでしょうか？　どういう人たちが笑顔になるでしょうか？　ぜひ、イメージを描いてみてください。

そして大切なことは、「みんな」には「あなた」も含まれる、ということです。

誰かを幸せにするために、あなたが不幸になる必要はありません。誰もあなたが犠牲になることを望んでいません。

ビジネスを通じて、あなたが幸せになってください。

あなたが幸せになればなるほど、さらに与えられる人間になっていくでしょう。

第6章のまとめ

・売上は社長のメンタルの状態に比例する

・売上が上がらないのは行動に対するメンタルブロックがあるから

・マーケティングには8大メンタルブロックが存在する

・メンタルブロックを生み出す脳内辞書をアップデートする

あとがき

最後まで読んでいただいて、ありがとうございます。

本書は、世の中のために集客をがんばっている人のために書きました。

書きながら、**「集客ってなんだろう?」**とあらためて考えました。

「生きるための義務なのか?」

「面倒で苦しい仕事なのか?」

「売上を作る手段なのか?」

そう考えてしまうと、ちょっと苦しくなります。

そうではなくて、集客は**「お客様との関係をゼロから作ること」**と考えることもできます。

無から有を生み出すことは、尊い仕事だと思います。そうして生み出されるものは、お客様との「信頼や絆」であり、「喜び」であり「感謝」です。

そんなものを生み出せる仕事は、本当に素晴らしいと思います。集客をする人がいることで、世の中が喜びに溢れるわけです。

あなたは集客を通じて、人と人の絆を作り、問題解決の可能性を提示し、困っている人に希望を与え、価値や喜びを提供し、相手の人生を良い方向に変え、世の中に豊かさを広め、世界を変えています。

あなたの商品で幸せになれる人がいます。

あなたのサービスを待っている人がいます。あなたとの出会いで人生が変わる人がいます。

集客をする人がいなければ社会が成り立ちません。

あなたのような人が世の中のために奮闘してくださっているおかげで、世界は回っているわけです。

繰り返しになりますが、本書は、世の中のために集客をがんばっている人のために書きました。

集客のプロセスが整理され、しくみになり、たくさんの人に継続的に価値を広めていけるような、体系的な内容を掲載しました。

あなたがさらに多くの人に価値を提供し続けられるように、本書がお役に立てれば、
これほど嬉しいことはありません。

今井　孝

特別な読者プレゼント！

効果のある
最新の集客方法の事例を
たくさん知りたい！

という方のために、本書で解説した「集客の4ステップ」によって整理された、さまざまな集客の成功事例集をプレゼントいたします。

集客の事例は業種、規模、地域などによってさまざまです。

また、常に新しい手法が現れるため、すぐに最新情報にアップデートできるWEB上で公開いたします。

ぜひ、ご活用ください。

※電子データをWEB上で公開いたします。小冊子をお送りするようなものではありません。

ダウンロードは以下のURLにアクセスしてください。

http://www.carriageway.jp/4step/

今井 孝（いまい・たかし）

株式会社キャリッジウェイ・コンサルティング 代表取締役。

大手IT企業で初年度年商が数億円を超える新規事業で社内アワードを受賞。その実績をもとに意気揚々と独立したものの、数百万円の赤字でいきなり挫折。

その後、10年連続300人以上が参加するセミナーを主催。トータルでは6,000人以上になる。

しかし、ビジネスでの成功だけでは幸せに到達できないことを実感し、成功と幸せの探求を始める。

そして、「誰かのために貢献し続けたい」という思いに到達し、ビジネスを心から楽しめるようになる。

それらの経験から、ビジネスの手法とマインドを伝え、「今井さんの話を聞いたら安心する」「自分もできると思える」「勇気が湧いてくる」と、たくさんの経営者・起業家に支持されている。

セミナーや講演の参加者は延べ3万人以上。

著書『起業1年目の教科書』シリーズは10万部を超える。

ひとり社長《しゃちょう》の最強《さいきょう》の集客術《しゅうきゃくじゅつ》

2020年 8月 7日 初版発行

著 者 今 井 孝
発行者 常 塚 嘉 明
発行所 株式会社ぱる出版
〒160-0011 東京都新宿区若葉1-9-16
電話―― 03(3353)2835(代表) 03(3353)2826(FAX)
03(3353)3679(編集)
振 替 東京00150-3-131586
印刷・製本 中央精版印刷株式会社

ISBN978-4-8272-1243-3 C0034